John R. McCollins

DIE LICHTREIHE

Der Weg in das Göttliche Licht

Von Glaube, Liebe, Hoffnung, Erkenntnis und Wahrheit

Drittes Buch zu:

‚Der Weg zur Liebe und zum wahren Licht'

und zu:

‚Der Weg zu den goldenen Toren'

Impressum:

John R. McCollins
c/o Fakriro GbR / Impressumservice
Bodenfeldstr. 9
91438 Bad Windsheim

Fotos, Grafiken, Gestaltung, Umschlag und Satz: Autor

ISBN: 978-3-759233-99-8

Preis: 19,99 €

Dieses Buch ist auch als E-Book erhältlich:

ISBN E-Book: 978-3-759235-48-0

Herstellung und Druck über tolino media GmbH & Co. KG,
Albrechtstr. 14, 80636 München. Printed in Germany.
Fragen zu Produktsicherheit an: gpsr@tolino.media.

Anstelle eines Vorwortes:

Das Ihnen vorliegende Buch ist keine wissenschaftliche Abhandlung.
Es erhebt weder einen Anspruch auf Vollständigkeit, noch Allgemeingültigkeit und auch keinen Anspruch auf die absolute Wahrheit oder Anwendbarkeit.
Ein jeder Leser sollte dieses Buch mit denkendem und kritischem Verstand lesen und prüfen, ob die hier gegebenen Hinweise und Wege für ihn umsetzbar und nützlich sind.
Der Verfasser.

Der Leitgedanke:

„Jeder ist berufen, etwas in der Welt zur Vollendung zu bringen"
Buddha

Inhaltsverzeichnis

Einführung

*„Was immer du tun kannst oder
träumst zu können, fang damit an!
Mut hat Genie, Kraft und Zauber in sich!“
Johann Wolfgang von Goethe*

Zum Verständnis dieses dritten Buches

Wie aus sogenannten ‚Nahtoderlebnissen' heraus berichtet wird, verlässt ‚der davon betroffene Mensch' dabei den derzeitigen irdischen Körper und bewegt sich, meist durch einen als ‚tunnelartige Struktur' beschriebenen Bereich, auf ein helles, warm und golden leuchtendes Licht zu. In diesem DRITTEN BAND der LICHTREIHE von John R. McCollins möchte der Autor gemeinsam mit IHNEN versuchen, zumindest ein erstes Grundverständnis, für dieses GÖTTLICHE LICHT UND SEIN WIRKEN ALS ERSCHEINUNG IN DIESER WELT DER ‚MAYA', zu entwickeln. Wir wollen GEMEINSAM versuchen ERSTE Antworten auf Fragen, wie:

- ‚Was ist dieses GÖTTLICHE LICHT'
- ‚Wie wirkt es als ERSCHEINUNG in dieser (Teil-)-Welt'
- ‚Welche Bedeutung hat es für uns auf unserem Weg zur Bestimmung als Menschen und als Menschheit insgesamt'

zu finden. Denn so, wie auf dem untenstehenden Bild waren wir, bevor wir uns auf unseren Weg zum GÖTTLICHEN LICHT und zu UNSERER BESTIMMUNG ALS MENSCHEN aufgemacht haben, ebenfalls in solch einem ‚Irrgarten' gefangen. Dem ‚Irrgarten' dieser Welt, oder anders formuliert, dem ‚Irrgarten der Maya'. So gefangen, dass wir eben das GÖTTLICHE LICHT (noch) nicht als ‚Leitstern' für unser Denken, Fühlen und Handeln sehen konnten. Wenn man dieses Bild genau betrachtet, kann man erkennen, dass dieser ‚Irrgarten' nichts weiter, als eine weitere ‚Scheinwelt' ist. Es gibt nur EINEN EINGANG und eben **keinen** weiteren AUSGANG, welcher an anderer Stelle aus diesem ‚Beschäftigungsgarten' wieder herausführen würde. Der gegenüberliegende ‚Ausgang' ist und bleibt diesen Menschen verschlossen. Ist nichts, als eine geschickte Illusion. Selbst, wenn sich jemand aus diesem ‚Irrgarten des Materiellen' befreien kann, steht er sozusagen an genau dem Platz, an dem er mit seiner ‚Suche' begonnen hat. Die Lebenszeit, oder genauer noch, seine LEBENSENERGIE, bis hierher ist und bleibt jedoch verschwendet. Genau, wie in unserem Beispiel vom ‚kleinen elektrisch angetriebenen Hasen' aus dem ersten Band der LICHTREIHE von John R. McCollins ist es somit mehr als fraglich, ob derjenige so noch SEIN FÜR IHN VOM UNIVERSUM VORGESEHENES ENTWICKLUNGSZIEL für diese ‚Inkarnation' erreichen wird und, vor allem: noch erreichen **kann**. Dieser ‚Irrgarten der Welt der Maya' hat somit nur den einen Zweck: alle darin eingeschlossenen, oder eben auch alle darin ‚gefangenen', Menschen vom GÖTTLICHEN LICHT, welches auf dem Bild hinten links bereits erschienen ist, und von der für diese Menschen vom Universum vorgesehenen Entwicklung zum HÖHEREN abzuschneiden. Diese Welt der ‚Maya' soll uns einzig und allein, vom weiteren ‚Aufstieg' als Menschen auf dem Weg zu unserer Bestimmung abhalten und ablenken.

Wie wir bereits in den ersten beiden Bänden dieser Buchreihe verinnerlicht haben, gibt es nur **einen Platz für Sie**, an dem Sie den **‚HIMMEL MIT DER HAND ERREICHEN KÖNNEN**. Wie man auf dem Bild leicht sieht, liegt dieser Platz jedoch NICHT in diesem ‚Irrgarten' einer vorgegaukelten ‚sinnlich-materiellen' Welt.

Die altdeutsche Inschrift lautet übrigens:

„So steht die Welt, der Irrungs-Plan;
Nur GOttes Geist zeigt Weg und Bahn."

Mit diesem Bewusstsein und dieser Erkenntnis versehen, wollen wir jetzt versuchen, gemeinsam auf unserem Weg weiter voran zu schreiten. Mit der ÜBERWINDUNG der bisher in uns wirkenden negativen Gefühle haben wir nunmehr die ersten Schritte auf dem Weg zur Liebe, zum wahren Licht und zur Erkenntnis vollbracht (siehe erstes und zweites Buch dieser Reihe[1]). **DIESES** Buch, dieser dritte Teil, soll Dir dabei helfen, weiter auf diesem Weg voranzuschreiten. Er baut dabei auf den Erkenntnissen aus den beiden ersten Bänden:

- „Der Weg zur Liebe und zum wahren Licht" und
- „Der Weg zu den goldenen Toren"

auf.

Der Verfasser bietet Ihnen seine Hand und seine Begleitung auf IHREM weiteren Weg zum Glauben, zur Liebe und zur Hoffnung. Dieser Weg, richtig beschritten, wird den mit reinem Herzen Suchenden DURCH die golden leuchtenden Tore hindurch

---

[1] Erstes und zweites Buch meint die beiden ersten Teile: John R. McCollins - „Der Weg zur Liebe und zum wahren Licht" – ISBN Printausgabe: 978 375 922 49 72 und ISBN Ebook: 978 375 922 58 01 und „Der Weg zu den goldenen Toren" " – ISBN Printausgabe: 978 375 922 84 51 und ISBN Ebook: 978 375 922 84 44

(„THROUGH THE GATES OF GOLD“[2]) und bis zur letzten, für uns als Menschen derzeit bereits möglichen, Erkenntnis führen. Bis hin zur Erkenntnis und zu den Antworten auf die letzten Fragen und Geheimnisse, für welche wir als Menschen heute bereits bereit sind. In diesem nunmehr dritten Band werden Ihnen zum Teil bekannte aber auch völlig neue Dinge begegnen. Denken Sie bitte immer daran: Sie müssen NIEMALS irgendetwas ‚blind' glauben. Prüfen Sie alle diese Dinge, die Ihnen hier begegnen werden. **Neutral und offen und völlig unvoreingenommen.**

Meine besten Wünsche begleiten Sie dabei.

Bedenken Sie bei allen Ihren weiteren Schritten auf diesem Weg:
„Die Vorurteile sind die Diebe, die Laster die Mörder. Die großen Gefahren sind in unserem Innern.“
Victor Hugo

Die Wahrheit, welche sich aus sich selbst erklärt, **(„Dhammo anĭtiho“ – Buddha[3])** wird sich Ihnen, wenn Sie sich ehrlichen Herzens auf die Suche nach ihr machen, wie von selbst entdecken. Auch wenn Ihnen einige Dinge vielleicht eigenartig erscheinen werden, prüfen Sie bitte alles selbst unvoreingenommen und offen und ohne sich dabei von irgendwelchen ‚tönenden Stimmen von außen' oder von ‚schwarzen Hasen der Manipulation' beeinflussen zu lassen. Nur wenn ihr Geist und ihre Seele direkt zu ihrem Bewusstsein sprechen, werden sie auch tatsächlich WAHRHEITEN entdecken. Stellen Sie sich zum Beispiel solche Fragen wie: ‚Was

---

[2] Englischer Originaltitel der deutschen Ausgabe von: Mabel Collins – „Leuchtende Tore“ – A. M. O. Verlag Leipzig, 1937
[3] Georg Grimm, ‚Die Lehre des Buddha'. Verlag Piper und CO., München, 1922, Vorrede

wäre, nur einmal für einen kurzen Moment angenommen, wenn dies alles um mich herum TATSÄCHLICH nur ERSCHEINUNGEN der URSACHEN einer **höheren** Welt wären und somit diesen **höheren Ordnungen** folgen würden‘? So unglaublich dies mir auch noch im Moment erscheinen mag. Würden sich dann nicht alle diese Dinge für mich ganz einfach und wie von selbst zu ordnen beginnen‘?

„Sobald man über sich hinausgeht, erreicht man das Universale – und die Größe des Menschen.
Ich kenne keine erhabene Haltung, die sich auf das Vernünftige gründet."
Antoine de Saint-Exupéry

Vom Sinn unseres ‚Hierseins‘

In den beiden ersten Bänden haben Sie gelernt, die Gier, die Wut, den Hass, aber auch die Angst in sich nachhaltig zu ÜBERWINDEN. Sie haben einen ruhigen und ausgeglichenen Geisteszustand erreicht und sich so wieder der Mutter Natur geöffnet.

Sie haben sich frei gemacht vom täglichen ‚Rauschen‘ all dieser künstlichen Dinge um uns herum, die nur den einzigen Zweck verfolgen; uns unsere Zeit und somit unsere Energie zu rauben und uns von unserem Platz im Universum, dem einzigen Platz an dem wir den Himmel mit der Hand erreichen können, wegzulocken. Wir haben gelernt, Manipulationen sicher zu erkennen und sind somit in der Lage uns und unsere Liebsten auch sicher vor diesen Techniken zu bewahren. Unser Geist ist somit frei geworden, frei von all diesen Dingen, und so wäre es nicht verwunderlich, wenn sich Ihnen nunmehr die Frage vom SINN unseres ‚Hierseins‘ stellen würde.

Die uralte Frage vom Sinn des Lebens hier und als Menschen auf dieser Erde. Die Frage, welche bereits schon die Philosophen des Altertums umgetrieben hat. Wenn man diese Fragestellung in unsere ‚Jetzt-Zeit‘ und unseren ‚Hier-Raum‘ überträgt, könnte man sich zum Beispiel folgende Fragen stellen:

- ‚Warum muss gerade **ICH** JETZT und HIER und an dieser Stelle sein? Jetzt, da alles um mich herum aus den Fugen zu geraten scheint?
- Könnte es nicht für mich bis zu meinem ‚Austritt‘ aus diesem irdischen Körper noch so glücklich weitergehen, wie bisher auch?
- Warum muss gerade **ICH** jetzt hier an **diesem** Platz sein‘?

Seien Sie sich absolut sicher; gerade darin, dass sich diese Fragen JETZT für Sie zu stellen beginnen, offenbart sich Ihnen der sichere Beweis dafür, dass Sie Ihren Weg bis hierher ERFOLGREICH gemeistert haben. Diese Fragen MÜSSEN Ihnen zwangsweise so an dieser Stelle begegnen. Seien Sie sich gewiss; auch wenn wir dieses heute als Menschen nicht mehr (oder noch nicht wieder) wissen: **WIR, also unser unsterbliches ICH, hat sich VOR unserem Eintritt in diesen irdischen Körper entschlossen, genau JETZT und genau HIER zu sein und so seine ihm vom Universum zugedachte Aufgabe zu erfüllen. Genau an diesem Ort und genau zu dieser Zeit. Und nichts und niemand kann es davon abbringen.**

„Sobald du dir vertraust, weißt du zu leben.“
Johann Wolfgang von Goethe

Wenn wir diese innere Erkenntnis errungen haben, wird unser irdischer Körper damit aufhören, gegen seine Vorbestimmung (sein Karma[4]) zu rebellieren. Wenn unser irdischer Köper bereit ist, dieses Karma anzunehmen, ja mehr noch, diese Aufgabe mit jeder Faser zu unterstützen und zu leben, werden sich alle Dinge für uns zu ordnen beginnen. Unser Körper, unsere Seele und unser Geist werden EINS. Dann haben wir einen großen Schritt auf dem Weg zu unserem göttlichen Teil vollbracht und bereits den ersten Schritt zur Ruhe und zur Stille in uns erreicht. Der Sinn der Dinge wird nicht mehr vom ‚Geplapper' unserer bisher so unsteten Gedanken übertönt. Seien Sie sich gewiss: ‚Das Göttliche in uns können wir nur in der Stille vernehmen'. [5]

„Der Raum des Geistes, dort wo er seine Flügel öffnen kann, das ist die Stille.“
Antoine de Saint-Exupéry

[4] Karma – wahrscheinlich ursprünglich aus dem Sanskrit stammend, bedeutet in etwa und in unsere heutigen europäischen Begriffe transformiert soviel wie, ‚Das Gesetz von Ursache und Wirkung' - ‚Studien über die Bhagavad Gîtâ – Dritte Folge' The Dreamer, Verlag Max Altmann, Leipzig 1906

[5] Auf die Wege zur Erlangung der inneren Stille werden wir im Kapitel ‚Von der Erschaffung der Stille in Dir' dieses Buches noch zurückkommen.

Verzagen Sie also nicht! Im Gegenteil! Nehmen Sie IHRE einmalige Chance und IHRE einmalige Möglichkeit wahr, genau jetzt an diesem für das gesamte Universum wichtigen Ort zu sein. Leben Sie Ihre Aufgabe mit jeder Faser und mit aller zur Verfügung stehenden Energie dieses irdischen Körpers! Bündeln Sie all Ihren Mut auf diese EINE Aufgabe. Auch wenn Sie vielleicht der (möglicherweise geschickt von außen eingeschleusten) Meinung sein sollten, dass Sie nichts bewirken könnten[6], seien Sie sich gewiss: **SIE** können DER **LETZTE UND ALLES ENTSCHEIDENDE** TROPFEN SEIN, DER DAS RIESENGROSSE GEFÄSS DER ENTSCHEIDUNG ZUM ÜBERLAUFEN BRINGT!

„Zwei Dinge verleihen der Seele die meiste Kraft:
Vertrauen auf die Wahrheit und
Vertrauen auf sich selbst.“
Seneca

Sollten Ihnen jedoch diese Fragen bis jetzt noch nicht begegnet sein, stellen Sie diesen dritten Band bitte noch etwas für sich zurück. Forschen Sie in sich, in Ihrer Seele und in ihrem Geist. Wenn Sie so in die **Stille** Ihres ICH-Selbst lauschen, wird sich Ihnen offenbaren, WARUM Sie im Moment noch nicht bereit für diese weiteren Schritte sind. Überwinden Sie erst dieses Hemmnis in sich, bevor Sie Ihren weiteren Weg beschreiten. Stellen Sie sich dazu Fragen wie: ‚Habe ich mich bereits VOLLSTÄNDIG von dem ‚Lärm‘ [7] um mich herum frei gemacht? Ruhe ich wahrhaftig bereits

---

[6] Eine typische Antwort unter Einfluss einer solchen Manipulation könnte zum Beispiel sein: ‚Was können wir schon machen‘ oder noch typischer: ‚Wir können ja sowieso nicht tun‘. Dies wird manchmal sogar als Frage von dem Sprechenden formuliert, um sich vom Gesprächspartner die ohnehin schon erwartete ‚Bestätigungs-Antwort‘ geben zu lassen.

[7] Der Begriff ‚Lärm‘ meint hier zum Beispiel alle Medien und elektronischen Gerätschaften, welche einen guten Teil unserer täglichen Zeit und somit der uns täglich zur Verfügung stehenden Energie rauben.

fest in mir selbst? Bin ICH [8] tatsächlich an dem für mich vom Universum vorgesehen Platz verblieben oder habe ich damit begonnen, irgendwelchen ‚Irrlichtern' hinterher zu laufen'?

Erst wenn Sie die ABSOLUTE **Gewissheit** erreichen, dieses Hemmnis in sich nachhaltig überwunden zu haben, schreiten Sie auf Ihrem Weg zur Liebe, zur Wahrheit, zur Hoffnung, zum wahren Licht und zur Erkenntnis weiter voran. Dieser dritte Band wird sich Ihnen dann umso leichter offenbaren.

---

[8] Vielleicht ist es einmal interessant, zumindest kurz zu realisieren, dass der Begriff: ‚ICH' nur von unserer SELBSTWAHRNEHMUNG **SELBST** gebraucht werden kann. Aus der Sicht jedes anderen Menschen und Wesens heraus betrachtet, wird aus dem ‚ICH' sofort ein ‚Du' oder ein ‚Sie'. Seien Sie sich gewiss, so trivial dieses Ihnen im Moment vielleicht noch erscheinen mag, ist es tatsächlich nicht. Außerdem wird zum Beispiel im angelsächsischen Sprachraum das ‚I' für ‚ICH' stets GROSS geschrieben; im Deutschen spricht man sogar über: ‚Das ICH'. Der ‚ICH'-Begriff besitzt somit ein absolutes Alleinstellungsmerkmal und daher eine EINZIGARTIGE Bedeutung für uns und das gesamte Universum. Es ist der kleine Teil des GÖTTLICHEN, welcher in unserem ICH wirkt und ‚webt'.

Erster Teil

„Du bist nichts als Weg und Durchgang
und kannst nur von dem leben,
was du verwandelst.
Der Baum verwandelt die Erde in Zweige.
Die Biene die Blüte in Honig.
Und dein Pflügen die schwarze Erde
in das Flammenmeer des Getreides."
Antoine de Saint-Exupéry

Vom ‚Überwinden' und ‚Ertöten' [9]

Auf unserem bisherigen Weg haben wir wieder gelernt, uns auf das zu Besinnen, was uns als MENSCHEN ausmachen sollte. Wir haben uns dabei viel neues Wissen angeeignet und sind so zu bedeutenden Erkenntnissen gelangt. DIESE Erkenntnisse sind die Basis dafür, SICHER auf unserem weiteren Weg voranschreiten zu können.

Schon die Philosophen des Altertums hatten erkannt, dass jede Frage **eine** Antwort gebiert. Und jede Antwort gebiert **zwei** neue Fragen. Dies ist der Weg der Erkenntnis. Denn wenn wir diesen Weg bis zu seinem (vorläufigen) Ende gegangen sind, wird sich uns aus der Erkenntnis heraus das GÖTTLICHE offenbaren. Dann wird die Erkenntnis nicht mehr bloße Erkenntnis sein, sondern etwas Größeres und Bedeutenderes in sich UND AUS SICH HERAUS gebären.

Auf unserem bisherigen Weg und bis zu diesem Punkt war es für uns (noch) ausreichend, alle negativen (dunklen) Gefühle in uns einfach nur zu ‚ÜBERWINDEN'. Mit dem ‚Überwinden' eines solchen negativen Gefühls haben wir zwar einen vorläufigen Sieg errungen, das dunkle Gefühl an sich ist damit jedoch noch nicht aus unserem Denken, Fühlen und Handeln vollständig verschwunden. Unser weiterer Weg macht es jedoch nunmehr an dieser Stelle erforderlich, darüber hinaus tätig zu werden. Der Begriff: ‚Ertöten' [10] wird hier somit in einer weiterführenden Bedeutung gegenüber dem uns bisher geläufigen Begriff ‚Überwinden' gebraucht. ‚Ertöten' meint somit eine BEWUSSTE und ENDGÜLTIGE Auslöschung eines solchen negativen Gefühls oder eines solchen negativen Denkens oder eines solchen

---

[9] Mabel Collins – „Licht auf den Pfad" - Th. Grieben's Verlag, Leipzig, 1917
[10] ebenda

negativen Denkmusters in uns selbst. Dies kann AUSSCHLIESSLICH DURCH UNS SELBST und in Form einer freien Willensanstrengung erfolgen. So wie Dunkelheit nur durch Licht aufgelöst werden kann, können dieses dunklen Gefühle auch nur durch die Liebe des Einen, die Wahrheit und durch das wahre Licht IN UNS SELBST aufgelöst werden. [11]

„Denn das liegt jetzt in meiner Macht: meinem Leben die Richtung auf das Gute zu geben!“
Lew Nikolajewitsch Tolstoi (Leo Tolstoi)

Wenn Sie so zum Beispiel wütend oder aggressiv auf diese negative (dunkle) Erscheinung in uns reagieren würden, werden Sie leider nicht den beabsichtigten Zustand erreichen. Im Gegenteil, es wird mit hoher Wahrscheinlichkeit sogar zu einer Verstärkung dieser negativen (dunklen) Erscheinung für Sie kommen. Sie haben scheinbar ‚nichts damit erreicht‘.
Dies scheint zunächst etwas verwirrend und soll daher an einem leicht nachzuvollziehenden Beispiel aus dem Alltag verdeutlicht werden:
Angenommen, es ist Winter. Die Temperaturen haben sich ungewöhnlicher Weise bei Minus 25 Grad Celsius eingependelt. Die Zentralheizung ist ausgefallen und derzeit hat auch keiner der Heizungsmonteure einen freien Termin für Sie und Ihre defekte Heizung. Aber: ‚Gott sei Dank‘ haben Sie ja den alten Kachelofen trotz allen ‚Einredens‘ auf Sie damals **nicht** abgerissen. Im Wohnzimmer sind mittlerweile Minus drei Grad. So einfach und trivial, dies auch erscheint, aber was würden Sie jetzt wohl tun, um es im Wohnzimmer wärmer zu bekommen? Würden Sie das Fenster öffnen, um noch mehr von der Dunkelheit und Kälte

---

[11] Siehe auch das Kapitel ‚Vom Göttlichen Licht‘ dieses Buches

hereinzulassen oder würden Sie eher den Raum heizen? ;-) Ich hoffe, dass Sie sich für die Wärme und das LICHT des Kachelofens entschieden haben, denn nur dann können Sie die DUNKELHEIT und Kälte (also das dunkle Gefühl) auch nachhaltig aus Ihrem Wohnzimmer verbannen. ;-) Und genau so, wie in diesem vereinfachten Beispiel, können Sie alles Böse nur durch die LIEBE des Einen, die Wahrheit und nur durch das WAHRE LICHT in sich selbst auflösen.

Ein einziger Gedanke der Ewigkeit vertreibt sofort alle diese dunklen Wesen aus Ihrem Denken, Fühlen und Handeln.

Seien Sie sich jedoch jederzeit gewiss: nur Sie selbst sind in der Lage hier aktiv zu werden! Keine scheinbar noch so hilfreiche Handreichung von außen kann dabei unser ‚Tätigwerden' ersetzen. Nur SIE sind in der Lage, diese dunklen Gefühle in sich selbst auszulöschen, oder treffender formuliert: zu ‚ertöten'. Oder, auf unser Beispiel vom Kachelofen übertragen: den Kachelofen können nur Sie selbst heizen. Niemand kann Ihnen diese Aufgabe abnehmen. Falls sich doch jemand dazu anbietet, schlagen Sie das Angebot besser und rundweg ab. Meist handelt diese Person oder dieses Wesen dann ausschließlich aus egoistischen Einzel- oder egoistischen Gruppenzielen heraus. Es könnte sein, dass Sie nach dieser ‚Hilfe' am Ende des Tages komplett ohne ‚Brennmaterial' in Ihrem kalten Wohnzimmer sitzen und so komplett Ihrer Möglichkeiten beraubt wären, die DUNKELHEIT aus Ihrem Zimmer, oder eben auch aus sich selbst, zu vertreiben.

Denken Sie immer daran: keines DIESER egoistischen Wesen will und wird Ihnen etwas schenken. Im Gegenteil. Die scheinbare Hilfe dient so IMMER und AUSSCHLIESSLICH **deren** egoistischen Zielen.

Nach diesen erforderlichen Vorbetrachtungen wollen wir uns nunmehr an die Lösung der bereits auf uns wartenden Aufgaben machen.

Auf Deinem weiteren Weg erwarten Dich zunächst drei Aufgaben, welche von Dir gelöst werden müssen. Dann werden sich die weiteren Schritte und eine weitere Erkenntnis für Dich zu offenbaren beginnen.

Von Deiner ersten Aufgabe

Drei essentiell wichtige Aufgaben gilt es als nächstes für Dich auf diesem Weg, auf dem Du gerade erst begonnen hast voranzuschreiten, zu lösen. Es sind **drei** einfach erscheinende Aufgaben.

Die erste Aufgabe lautet: „Ertöte den Ehrgeiz in Dir!“ [12]

Die Lösung dieser Aufgabe erscheint Dir vielleicht zunächst trivial und einfach. Vielleicht hast Du sogar das Gefühl, dies schon vollbracht zu haben und dünkst Dich daher vielleicht bereits darüber erhaben zu sein. Aber ist dies tatsächlich so?

Sei Dir immer gewiss: „Ehrgeiz ist der größte Fluch, der gefährlichste Versucher, für den, welcher seinen Mitmenschen...“ [auf dem Weg zur Liebe, zum wahren Licht und zur Erkenntnis] „...vorauseilt; er ist die Erwartung des Lohnes in einfachster Form. Kluge und kraftvolle Menschen wendet er immer wieder von ihrer höheren Entwicklung ab... Seine Erfolge verwandeln sich im Mund zu Staub und Asche... Aber so einfach und leicht diese erste Lehre scheint, eile nicht an ihr vorüber. Denn die Laster des gewöhnlichen Menschen verändern und verfeinern sich, und in neuer Gestalt tauchen sie in...“ [13] ...Deinem Herzen wieder auf. Sei Dir somit jeden Moment bewusst, dass der Ehrgeiz, den Du heute in dieser Gestalt vor Dir schon überwunden wähntest, morgen in einer neuen, feineren Gestalt wieder Zutritt zu Dir erschleichen will.

„Ertöte den Ehrgeiz“ [14]. Und zwar JETZT und BEVOR Du Deinen weiteren Weg beschreitest, denn wenn Du weiter in diesem Fehler

---

[12] ‚Ertöten“ wird hier in einer weiterführenden Bedeutung gegenüber dem uns bisher geläufigen Begriff: ‚Überwinden‘ gebraucht. Siehe auch Kapitel: ‚Vom Überwinden und vom Ertöten‘ dieses Buches

[13] Mabel Collins – „Licht auf den Pfad“ - Th. Grieben's Verlag, Leipzig, 1917

[14] ebenda

verharrst, und so auf Deinem weiteren Weg vorangehst, wird die Korrektur dieses Fehlers zu einem späteren Zeitpunkt Dich in unsägliche Schmerzen und unsägliche Pein führen.

„Der Anfang des Heils ist die Kenntnis des Fehlers.“ Epikur

Schlimmstenfalls verlierst Du den Dir jetzt schon so klar vor ‚Augen‘ liegenden Weg für immer und verirrst Dich in Trugbildern und Scheinwelten, die Dir immer auf dem Fuße nachfolgen.
Nachfolgen und immer bereit sind, Dich, wenn Du schwach wirst, auf ihren falschen Weg und so in die Irre zu leiten. Widme Dich jetzt der **vollständigen** Lösung dieser ersten Aufgabe und dieser ersten Lehre. **Erst**, wenn Du Dir absolut sicher bist, den Ehrgeiz in Dir nicht nur überwunden zu haben, sondern den Ehrgeiz in Dir für alle Zeiten ‚ertötet‘ zu haben, gehe weiter zu Deiner zweiten Aufgabe auf die dann noch die dritte und (vorläufig) letzte Aufgabe für Dich folgen wird.
Wie können wir nun jedoch den Ehrgeiz in uns ‚ertöten‘? Die Antwort ist einfach und sicher haben Sie diese auch schon so geahnt. ‚Egoismus‘ und ‚Ehrgeiz‘ sind ‚enge Verwandte‘. Wenn man so will, handelt es sich dabei sozusagen um ‚Vettern‘. Wie können wir jetzt aber den ‚Ehrgeiz‘ nachhaltig in uns überwinden; sprich: ‚ertöten‘? Nun, was bei dem einen hilfreich ist, versagt auch bei dem anderen nicht seine Wirkung. Dies ist nicht verwunderlich, denn, so hart dies vielleicht an dieser Stelle auch für Sie klingen mag:

‚Ehrgeiz‘ ist nur eine feinere Erscheinungsform des ‚Egoismus‘.

Mehr noch; er ist eine weitere Spielart des ‚Sonderseins‘, mit welchem wir uns in diesem Buch später noch beschäftigen werden. Der Egoismus ist sozusagen die grobe Form des Ehrgeizes oder, wenn man so will, Ehrgeiz ist der Egoismus in einer feineren

Gestalt. Hier begegnet uns zum ersten Mal auf unserem Weg ein scheinbar überwundenes negatives (dunkles) Gefühl in einer verfeinerten Erscheinungsform wieder.

„Der Egoismus besteht eigentlich darin, dass der Mensch alle Realität auf seine eigene Person beschränkt, indem er in dieser allein zu existieren wähnt, nicht in den anderen."
Arthur Schopenhauer

Dies wird uns sofort absolut klar, wenn wir uns solche Fragen stellen wie:

- Warum will ich überhaupt dieses ‚eigenartige' Ziel erreichen?
- Was habe ich tatsächlich davon'?
- Welchen tatsächlichen und REALEN Nutzen ziehe ich daraus, **außerhalb** des Vergänglichen, also **außerhalb** der Scheinwelt, der Welt der ‚Maya', um uns?

Wie wir bereits aus dem ersten Buch wissen, rinnen uns alle irdischen Güter durch die Finger, „wie der Sand der Dünen" [15]; ja mehr noch: diese sind nur eine zeitlich begrenzte **ILLUSION** für uns.

- Warum verschwende ich also meine Zeit und meine so notwendige Energie auf Dinge, die ich, objektiv betrachtet, nicht benötige, um das GROSSE Ziel meines Lebens zu erreichen?

---

[15] Siehe Zitat: Antoine de Saint-Exupéry im ersten Buch ‚Der Weg zur Liebe und zum wahren Licht' – John R. McCollins

Auch hierzu gibt es im volkstümlichen Weistum ein Sprichwort oder, wenn man so will, eine einfache Lebensregel:

„Das letzte Hemd hat keine Taschen.“ [16]

Deutsches Sprichwort

Vielleicht lohnt es sich, einmal ein paar Minuten über diese volkstümliche WAHRHEIT nachzudenken. :-)

Noch im ersten Buch konnten sich wahrscheinlich die Meisten von uns noch nicht vorstellen, dass Egoismus nur eine grobe Erscheinungsform des Ehrgeizes ist und dass der Ehrgeiz auch nur wieder eine gröbere Gestalt des Sonderseins ist. Zusammenfassend kann man diese Erkenntnisse in etwa so darstellen:

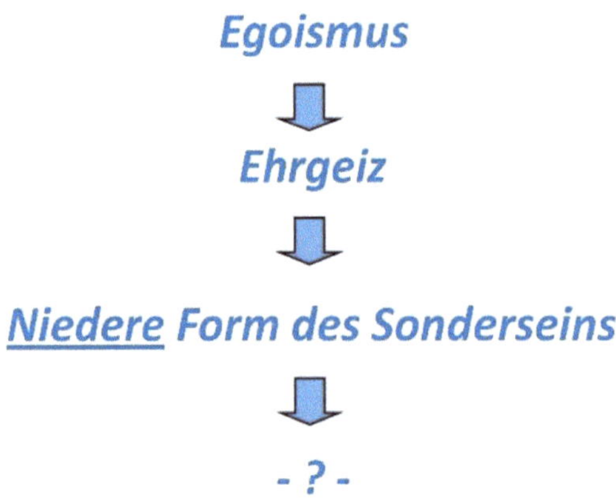

Sicher haben Sie auch bemerkt, dass nach der ‚niederen Form des Sonderseins‘, zumindest im Moment noch, für uns ein Fragezeichen verblieben ist. Wenn wir uns diesen bisherigen

---

[16] ‚Das letzte Hemd‘ meint hier das Sterbehemd, also das Hemd, welches unser irdischer Körper trägt, nachdem unser unsterbliches ICH diesen verlassen hat und der Tod anstelle unseres unsterblichen ICH in diesen eingetreten ist und unser irdischer Körper somit dahin zurückkehrt, woher er genommen wurde.

Erkenntnisprozess stets so klar vor Augen halten, werden wir bereit sein, zu gegebener Zeit diese weitere Wahrheit zu erkennen. Auch wenn dies dem einen oder anderen unter uns an dieser Stelle unglaublich erscheinen mag, auch diese Wahrheit kann man klar erkennen, wenn man diese nur offen und unvoreingenommen prüft und somit auch selbst und innerlich bereit für diese Erkenntnis ist.

„Zufriedenheit bringt auch in der Armut Glück; Unzufriedenheit ist Armut, auch im Glück.“
Konfuzius

Vom ‚Ehrgeiz' und von unserem ‚inneren Antrieb'

„Ruhm liegt nicht darin, niemals zu fallen, sondern jedes Mal wieder aufzustehen, wenn wir gescheitert sind."

Konfuzius

Wie wir uns im vorigen Kapitel gemeinsam erarbeitet haben, ist der ‚Ehrgeiz' nur eine feinere Erscheinungsform des ‚Egoismus' und somit auch eine gröbere Erscheinung der ‚niederen Form des Sonderseins'.

Der ‚Egoismus' selbst steht dabei an der untersten Stelle der möglichen Entwicklung des jeweiligen Menschen. Aber bereits im ‚Egoismus' selbst gibt es bereits feinere Abstufungen. Diese äußern sich zum Beispiel schon in einer feineren ‚Spielart' des ‚Egoismus' selbst, als ‚selbstempfundener Gutmensch'. Denn auch hier dient die vermeintliche ‚gute Tat' ja eben auch nur der Befriedigung des ‚Egoismus'. Der ‚selbstempfundene Gutmensch' kann jedoch auch bereits eine ‚Spielart' der Befriedigung des ‚Ehrgeizes' der betreffenden Person sein. Nicht die uneigennützige Hilfe, von der die Welt niemals etwas erfahren wird, steht für denjenigen dabei im Mittelpunkt, sondern die ‚äußere Wahrnehmung' als ‚Guter dieser Welt'. Die Befriedigung des ‚Ehrgeizes' selbst in derjenigen Person ist bereits die stärkste treibende Kraft geworden, nicht die (vermeintliche) Hilfe dem anderen gegenüber.

Die positive Energie, welche uns sonst stets bei einer UNEIGENNÜTZIGEN guten Tat zufließt, wird hierbei vollständig in ihre dunkle Seite verkehrt. Wie in dem Beispiel der ‚Streichhölzer in Kinderhand' [17] sind hier dunkle Kräfte, oder genauer: ‚dunkle Wesen' und ‚dunkle Kreaturen' in uns selbst am Wirken. [18]

---

[17] Siehe: erster und zweiter Band der LICHTREIHE von John R. McCollins

[18] Siehe auch das Kapitel: ‚Hölle ist nichts als ein Wesen' im zweiten Teil dieses Buches

Diese negativ in uns wirkenden Kräfte sind nicht immer leicht von uns selbst zu erkennen. Es ist daher für die weiteren Schritte auf unserem selbstgewählten Weg unerlässlich, sich jeden Tag, jede Stunde und jeden Atemzug selbst zu reflektieren, um solche negativen Erscheinungen SOFORT aus unserem Denken, Fühlen und Handeln für alle Zeiten zu verbannen.

„Wenn es dir gelingt, über dich selbst gut zu Gericht zu sitzen, dann bist du ein wirklicher Weiser."
Antoine de Saint-Exupéry

Wie bei allen Dingen im Universum gibt es jedoch auch hier (derzeit noch) ‚Zwei Seiten einer Medaille'. Auf der positiven Seite finden wir daher unseren ‚**inneren Antrieb**'. Unser ‚innerer Antrieb', die treibende Kraft in uns zum Guten, ist dabei völlig frei von ALLEN ERSCHEINUNGSFORMEN UND SPIELARTEN DES SONDERSEINS. Es ist somit die Kraft in uns, die von ihrer Natur und aus sich selbst heraus, ausschließlich und IMMER auf das Gute gerichtet ist

Von Deiner zweiten Aufgabe

Damit alle Erkenntnisse und GABEN des Universums auch stets ihre positive (und vom Universum für uns vorgesehene) gute Seite ihres Wirkens entfalten können, ist es von enormer Wichtigkeit auch hier wieder GEDULD zu üben. Gehen Sie daher erst zur Lösung Ihrer zweiten und dritten Aufgabe weiter, wenn Sie dazu auch **vollständig** bereit sind. Alle zu frühen Schritte wären leider nichts anderes als die uns aus den beiden ersten Bänden bereits bekannten ‚Streichhölzer in Kinderhand'. Das vom Universum für uns vorgesehene Gute würde sich somit in das Gegenteil verkehren. Immer, wenn Sie in Ihrem Inneren ‚spüren' (also immer dann wenn, Ihre erwachenden Göttlichen Sinne zu Ihnen sprechen) und Sie das ‚Gefühl haben', an dieser Stelle GEDULD ÜBEN ZU MÜSSEN, wenden Sie sich bitte dem **‚Zweiten Teil'** dieses Buches zu und arbeiten bitte diese Kapitel der Reihenfolge nach und in aller Ruhe für sich durch.

Genau zu diesem Zweck, wurde dieser ‚Zweite Teil' Bestandteil dieses Buches. ;-)

Deine zweite Aufgabe lautet: ‚Löse Dein unsterbliches ICH vom Gedanken an Deinen irdischen Körper'.

Diese zweite Aufgabe erscheint uns zunächst einmal schwieriger, als die erste zu sein. Erscheint uns vielleicht sogar (noch) nicht lösbar zu sein. Vielleicht ist Dir auch nur die Wichtigkeit dieser Aufgabe bisher noch nicht vollständig bewusst geworden. Sei Dir jedoch stets gewiss; gerade solche enorm wichtigen und von den ausschließlich im ‚Konsens' oder auch im sogenannten ‚Mainstream' denkenden und handelnden Menschen scheinbar als ‚unlösbar' bezeichneten Aufgaben, oder aber auch als ‚unlösbar' bezeichnete Problemstellungen, haben meist eine sehr einfache und für die meisten dieser Menschen sogar ‚verblüffende' Lösung.

„Alle sagten: das geht nicht! Da kam einer, der wusste das nicht und hat es gemacht."
Deutsches Sprichwort

Beispiele hierfür gibt es in der Geschichte der Menschheit wahrlich genug. So zum Beispiel das berühmte ‚Ei des Kolumbus' [19] oder der ‚Gordischen Knoten' [20]. Wenn wir diese dort bereits erreichten Erkenntnisse weiter führen wollen, kann man zusammenfassend feststellen, dass die Lösungen hierzu an sich, und völlig objektiv betrachtet, absolut offensichtlich sind und klar auf der Hand liegen. Sie sind sozusagen ‚für alle sichtbar und dennoch verborgen'. Nur demjenigen, welcher in der durch die bisherige Erziehung oder in den bisher im ‚Konsens' oder im ‚Mainstream-Denken' erzeugten Denkmustern befangen bleibt, erscheinen diese Dinge ‚nicht lösbar zu sein'.

„Was ist ein wahres Geheimnis? Etwas, das für jeden offen da liegt, - der eine erkennt es, der andere jedoch nicht." ***Laotse***

---

[19] Das ‚Ei des Kolumbus' wird historisch auf einen Ausspruch von Christopher Kolumbus zurückgeführt, welcher, zumindest als mitteleuropäischer, Entdecker Amerikas gilt. ‚Es ist so leicht nach Indien zu segeln, wie ein Ei auf dessen spitzem Ende zum Stehen zu bringen'. Alle die es versuchten, brachten es nicht zu Stande. Kolumbus stieß jedoch das Ei so fest mit der Spitze auf den Tisch, dass dieses ‚angepickt' wurde. Das Ei stand nunmehr auf der Spitze. Hinterher gab es genug ‚Trittbrettfahrer' die diese so verblüffende Lösung schon im Vorhinein gewusst haben wollten.

[20] Der ‚Gordische Knoten' war ein vorsätzlich kunstvoll geknüpfter Knoten, welcher als ‚unlösbar' galt. Niemand war in der Lage, diesen Knoten aufzulösen. Der Knoten wurde jedoch nach der Sage von ‚Alexander dem Großen' einfach mit dem Schwert zerschlagen und so auf verblüffend einfache Art und Weise ‚gelöst'. Zeitlich später soll die Auflösung des Knotens, ohne das Seil dabei zu zerstören, noch jemand anderem gelungen sein.

Was bedeutet jetzt aber diese zweite Aufgabe: **‚Löse Dein unsterbliches Ich vom Gedanken an Deinen irdischen Körper'** für uns und wie können wir diesen Zustand in uns erreichen?

Zur Beantwortung dieser Frage wollen wir uns zunächst im nächsten Kapitel ‚**Von der niederen Ebene des Sondersein**' mit einigen grundlegenden und für uns neuen und wichtigen Erkenntnissen beschäftigen.

Von ‚der NIEDEREN Ebene des Sondersein‘

Im ersten und zweiten Buch der LICHTREIHE von John R. McCollins haben wir die **grundlegenden** Aufgaben für uns auf unserem Weg bis hin zu den goldenen Toren gemeinsam erarbeitet. Wir haben uns weiterhin mit den in dieser ‚sinnlich-materialistischen‘ Erscheinungswelt (Maya) wirkenden negativen Erscheinungen vertraut gemacht und so gelernt, alle negativen Gefühle dieser **ersten** Ebene zu **überwinden**.

Im ‚Ersten Teil‘ dieses dritten Bandes und bei der Lösung ‚Deiner ersten Aufgabe‘ dieses Buches haben wir uns bereits mit einigen Erscheinungen auf der **zweiten** Ebene auseinander gesetzt. Wir haben dabei gelernt, dass es auf der von uns nunmehr erreichten **zweiten** Entwicklungsstufe nicht mehr nur ausreichend ist, diese negativen Erscheinungen in ihrer Wirkung zu ‚überwinden‘. Die negativen Wirkungen der zweiten und aller noch folgenden Ebenen müssen wir, um nachhaltig auf unserem Weg weiter voranschreiten zu können, in uns ‚auslöschen‘. oder treffender formuliert: in uns ‚ertöten‘ [21]

Wie im gesamten Universum so gibt es auch hier eine **DREITEILUNG**. So zusagen, eine **dritte** Ebene. Diese dritte Ebene, auf der die negativen URSACHEN **hinter** diesen Erscheinungen immer noch für uns, und somit auf uns, wirksam sind. Es ist somit die bisher am schwierigsten zu erkennende Ebene, welche uns immer noch auf unserem selbstgewählten Weg zur göttlichen Wahrheit und zur ALLUMFASSENDEN LIEBE DES EINEN als hemmende Erscheinung entgegentritt.

Es ist die **ERSCHEINUNG DES SONDERSEINS**, deren Ursachen sich aus dieser dritten Ebene heraus als Wirkungen in dieser Welt der ‚Maya‘ entfalten. Im Rahmen dieses Buches, dieses dritten Bandes der LICHTREIHE von John R. McCollins, wollen wir uns jedoch, und

---

[21] Mabel Collins – „Licht auf den Pfad“ - Th. Grieben’s Verlag, Leipzig, 1917

zunächst ausschließlich, mit der ‚**niederen Ebene des Sonderseins**‘ beschäftigen.
Was können wir nun auf dieser niederen Ebene unter dem Begriff des ‚Sonderseins‘ verstehen? Vereinfacht, aber unserer derzeit bereits erreichten Entwicklungsstufe auf dem Weg zur ALLUMFASSENDEN LIEBE DES EINEN, zur Wahrheit und zum wahren Licht entsprechend, wollen wir zunächst noch einmal das untenstehende Zitat von Arthur Schopenhauer betrachten:

„Der Egoismus besteht eigentlich darin, dass der Mensch alle Realität auf seine eigene Person beschränkt, indem er in dieser allein zu existieren wähnt, nicht in den anderen.“
Arthur Schopenhauer

Dieses Zitat, welches uns bereits im Kapitel ‚Von Deiner ersten Aufgabe‘ begegnet ist, beinhaltet bereits den Schlüssel, um den Begriff und das Wirken der Erscheinung des ‚Sonderseins‘ für uns momentan zu erklären.
Was könnte es wohl sein? Was meinen Sie?
Bevor wir gemeinsam diesen ‚Schlüssel‘ auflösen, wollen wir zuerst einmal versuchen, uns diesem Begriff des ‚Sonderseins‘ noch von einer anderen Seite her zu nähern.
Aus dem zweiten Band der LICHTREIHE wissen wir bereits, dass unser irdischer Körper ***‚anattā‘*** ist. Also NICHT-ICH. Wir nehmen uns so immer als ICH-SELBST in derselben Form war, egal ob wir uns IN oder AUSSERHALB dieses irdischen Körpers befinden.
Dieser, unser derzeitiger irdischer, Körper ist somit nur mit dem roten oder dem blauen Kleid aus unserem Beispiel aus dem zweiten Band vergleichbar. Weiterhin ist uns bereits geläufig, dass unser unsterbliches ICH diesen irdischen Körper sich zum Nutzen für diese Inkarnation ‚formt‘.

Lassen wir dazu ein Zitat aus ‚Studien über die Bhagavad Gîtâ – Dritte Folge' The Dreamer, Verlag Max Altmann, Leipzig 1906 sprechen:

[das ICH...] „...An eine Form gebunden, belebt es dieselbe mit seiner durchdringenden Lebenskraft, bleibt aber selbst unberührt von ihr."

Hier finden wir GENAU unsere Erkenntnis aus dem zweiten Band bestätigt. Unser unsterbliches ICH ‚belebt' diese ‚Form' oder, wenn man so will, ‚formt' diesen irdischen Körper.

Unser unsterbliches ICH ‚bleibt aber selbst unberührt von ihr' – unser ICH war niemals eines der Kleider aus unserem damaligen Beispiel. Weder das rote, noch das blaue, noch irgendein anderes.

Und weiter:

„An einen Namen gebunden und durch Abhimâna[22] oder Anhänglichkeit getäuscht, hält es denselben für ein Bewusstseinszentrum..."[23]

Und hier liegt der Schlüssel. Der Schlüssel zu obigem Zitat von Arthur Schopenhauer und auch zu der derzeitigen Bedeutung des Begriffes ‚Sondersein' für uns. Die Welt der Maya wird als Teil eines real nicht-existenten ‚Bewusstseinszentrum' wiedergespiegelt. Unserem ICH-SELBST wird hier eine Scheinexistenz ein ABGESONDERTSEIN vom allesdurchdringenden GEIST, dessen Teil es ja tatsächlich ist und stets war, vorgetäuscht: **Ein scheinbares ABGESONDERTSEIN oder eben ein ‚SONDERSEIN'.**

[22] Abhimâna – bedeutet soviel wie: ‚Anhangen des GEISTES an etwas'

[23] ‚Studien über die Bhagavad Gîtâ – Dritte Folge' The Dreamer, Verlag Max Altmann, Leipzig 1906

Von der ‚Lösung Deiner zweiten Aufgabe‘

Ausgestattet mit den Erkenntnissen des vorhergehenden Kapitels liegt die Lösung unserer zweiten Aufgabe nunmehr klar umrissen vor uns. Wenn wir uns als unser ICH, also den unsterblichen Teil, den belebten Teil des allesdurchdringenden EINEN, welcher hinter allen diesen Dingen steht, verstehen und begreifen, haben wir den Schlüssel buchstäblich in der Hand, uns für alle Zeiten, zumindest von der niederen Form des Sonderseins bereits zu befreien.
Das uns, durch die ‚Anhänglichkeit des Geistes‘, als Bewusstseinszentrum ERSCHEINENDE ist NICHT in der realen Gesamtwelt existent. Es ist Maya.

Oder einfacher erklärt:
Das SONDERSEIN (oder eben auch ‚Abgesondert-Sein‘ vom allesdurchdringenden EINEN) ist nur die Folge eines vorgetäuschten Bewusstseinszentrums, welches es, real betrachtet, nicht gibt.

Überwinde diese Erscheinung der uns umgebenden Maya, indem du klar erkennst, dass unser an einen Namen gebundenes ICH <u>niemals</u> ein Bewusstseinszentrum damit erschafft oder erschaffen kann (und will). Mache Dich somit nachhaltig frei vom SONDERSEIN als einer feineren Spielart des Egoismus und des Ehrgeizes.

Seien Sie sich bei allen unseren weiteren Schritten auch bitte immer bewusst, dass die dunkle Seite in den UNTEREN BEREICHEN der Ewigkeit ebenfalls präsent ist. Jedoch verscheucht jeder noch so leise Hauch der Ewigkeit in uns selbst diese Wesen. Sofort und, solange dieser Gedanke in uns präsent ist, auch nachhaltig.

Von Deiner dritten Aufgabe

Die **dritte Aufgabe** und derzeit (zunächst einmal) die letzte Aufgabe für Dich lautet: **‚Erschaffe die Stille in Dir'.**

„Der Raum des Geistes, dort wo er seine Flügel öffnen kann, das ist die Stille."

Antoine de Saint-Exupéry

Lass alle Gedanken in Dir zur Ruhe kommen. Wie in einem überfüllten Raum, in dem alle Menschen durcheinander zu reden scheinen, kannst Du die leise Stimme der Wahrheit und die leise Stimme der Ewigkeit in diesem ‚Geplapper' und ‚Gerausche' Deiner Gedanken nicht wahrnehmen. Wenn jedoch alle Deine Gedanken in Dir vollständig zur Ruhe gekommen sind, wirst Du, tief in dieser Stille in Dir, Antworten vernehmen. Antworten auf Fragen, die Du gestellt hast, aber auch Antworten auf Fragen, auf die Du keine Antworten erwartest. Antworten auf Fragen, die Du nicht gestellt hast und Antworten, für die Du nicht einmal die Fragestellung zu wissen glaubst.

„Die größte Offenbarung ist die Stille."

Laotse

Selbstversuch:

Versuchen Sie einmal für die kurze Zeitspanne von **fünf Minuten** einfach still an Ihrem Lieblingsplatz zu sitzen. Einfach so dazusitzen. NICHTS DABEI ZU TUN und vor Allem: NICHTS DABEI ZU DENKEN. Beobachten Sie sich dabei genau so selbst, wie man eine fremde Person dabei beobachten würde. Es gilt nur eine einfache ‚Spielregel' dabei: sobald Sie einem ‚vorbeihuschenden' Gedanken folgen oder einem Sinneseindruck Ihre Aufmerksamkeit schenken, ist unser ‚Versuch' sofort beendet. Viel Erfolg dabei :-)

Haben Sie die Stille in sich selbst für die wahrlich kurze Zeitspanne von fünf Minuten aufrechterhalten können? Wenn ‚Ja', möchte ich Ihnen von ganzem Herzen dazu gratulieren! Sie haben Ihren Weg bereits ganz außerordentlich weit beschritten und sind nunmehr schon für die weiteren Schritte vollständig bereit. :-)
Falls es Ihnen aber (noch) nicht an dieser Stelle gelungen sein sollte, ist dies jedoch KEIN Grund zu verzagen. Zu diesem frühen Zeitpunkt war dies sogar eher zu erwarten gewesen. Üben Sie dann bitte einfach so lange weiter, bis Sie diese Zeitspanne ‚völlig frei von JEDEM Gedanken und völlig frei von JEGLICHER Ablenkung' und dabei **entspannt** verbringen können.
Nur in der Stille Deines Geistes kannst Du die Unendlichkeit mit der Hand berühren. Ein einziger und wahrhaftiger Gedanke an die Ewigkeit verscheucht alle dunklen Gestalten und Wesen aus Deinem Denken, Fühlen und Handeln. Daher ist die wahrhaftige Lösung dieser dritten und (vorläufig) letzten Aufgabe für Dich an dieser Stelle des ‚Hier-**Raumes**' und in dieser ‚Jetzt-**Zeit**' so enorm wichtig für Deinen weiteren Weg.

„Wer in allen Räumen zu Hause ist, der ist Gottes würdig, und wer in allen Zeiten eins bleibt, dem ist Gott gegenwärtig, und in wem alle Kreaturen zum Schweigen gekommen sind, in dem gebiert Gott seinen eingeborenen Sohn."
Meister Eckhart

Und so werden wir uns im Kapitel dieses Buches: ‚Von der Erschaffung der Stille in Dir' noch weitergehend mit dieser Aufgabe befassen und dabei eine einfach anzuwendende Übung als Hilfe zur Erschaffung der Stille in Dir kennen lernen.

Vom Begriff der ‚Erschaffung der Stille in Dir‘

In diesem Kapitel wollen wir uns damit beschäftigen, wie wir die STILLE in uns erschaffen können. Die Stille in uns, in welcher ALLE Gedanken und ALLE Ablenkungen außen vor bleiben. Denn nur so sind wir in der Lage, in der dann eintretenden Stille, unseren Geist, und durch ihn das Universum, zu vernehmen. Das Universum, welches zu uns spricht, denn wir sind, ein jeder für sich, ein Teil des göttlichen Universums und tragen somit einen Funken des Göttlichen Lichtes tief in uns selbst.

Viele Ansätze zur Erreichung der Stille in uns gibt es dazu in den verschiedenen Regionen dieser Erde. Manche nennen eine solche Technik ‚Meditation‘. Sehr oft ist es dies auch. Und so gibt es auch eine schier unglaubliche Anzahl von Ratgebern zu verschiedenen ‚Meditationstechniken‘ auf dem Markt zu kaufen. Wir wollen jedoch versuchen, uns diesem Thema von einer etwas anderen Seite her zu nähern.

Vielleicht ist es Ihnen schon einmal aufgefallen, dass das, was wir als ‚Denken‘ bezeichnen, oft in ganz unterschiedlichen Regionen unseres irdischen Körpers abläuft. Ein einfach und wahrscheinlich für jeden von uns nachzuvollziehendes Beispiel ist wohl der jedem bekannte ‚Heißhunger‘ auf irgendetwas. ‚Neudeutsch‘ manchmal auch als ‚Fressflash‘ bezeichnet. ;-) Wenn wir zum Beispiel ‚Heißhunger‘ auf etwas Süßes haben, hält dieser meistens so lange an, bis die Tafel Schokolade ‚aufgefuttert‘ ist. Interessanterweise ist danach in den meisten Fällen auch sofort Schluss damit. Solange noch etwas von der Süßigkeit im Papier oder in der Schachtel ist, wird immer wieder zugelangt. Fast scheint es so, als ob wir dann unter einem Zwang oder auch wie in Trance handeln würden. Hinterher ist manchmal die Reue groß, weil unser selbstgestecktes Ziel, vielleicht doch noch ein paar Kilo vor dem Strandurlaub zu verlieren, wieder einmal hintenan gestellt wurde. ;-) Übrigens funktioniert dieses Beispiel auch mit einer Tüte Chips sehr gut. ;-)

Eine solche, selbstironische Aussage, wie: ‚Ich habe das jetzt schon völlig unter Kontrolle. Früher konnte ich nicht eher aufhören, bis die GANZE Tafel Schokolade alle war. Heute genügt bereits eine HALBE' ist doch schon ein sicheres Zeichen dafür, dass Sie auf einem guten Wege sind. ;-)
Aber was geschieht dort tatsächlich mit uns und vor allem **in** uns? Wer oder was treibt uns dazu? Warum scheinen ‚WIR' hier auf einmal völlig die Kontrolle über unser Denken, Fühlen und Handeln zu verlieren? Nun, die Antwort auf diese Fragen ist, so eigenartig dies vielleicht klingen mag, einfach und uns bereits in diesem dritten und bereits auch schon im zweiten Band begegnet.
Lassen Sie uns noch einmal zu dem Zitat von Meister Eckhart aus dem Kapitel ‚Von Deiner dritten Aufgabe' dieses Buches zurückgehen:

„Wer in allen Räumen zu Hause ist, der ist Gottes würdig, und wer in allen Zeiten eins bleibt, dem ist Gott gegenwärtig, und in wem alle Kreaturen zum Schweigen gekommen sind, in dem gebiert Gott seinen eingeborenen Sohn."   Meister Eckhart.

Lassen Sie uns nun auch noch das Zitat aus dem zweiten Buch hinzufügen:

„Hölle ist nichts als ein Wesen. Was hier das Wesen der Leute ist, das bleibt ihr Wesen in Ewigkeit, so wie sie drin gefunden werden." Meister Eckhart.

Auf dieses ‚Wesen', welches wir im Allgemeinen mit dem Begriff ‚Hölle' zu bezeichnen gewohnt sind, werden wir noch im Kapitel: ‚Hölle ist nichts als ein Wesen' dieses Bandes zurückkommen. Zunächst wollen wir jedoch gemeinsam herausfinden, was in obigem Beispiel mit uns und in uns geschieht. Es scheint fast so, dass der Vorgang, den WIR als ‚Denken' bezeichnen, je nach Thematik, in ganz unterschiedlichen Regionen unseres irdischen Körpers stattfindet oder doch zumindest von uns in diesen unterschiedlichen Bereichen **wahr**genommen wird. Wenn wir dem ‚Heißhunger' erlegen waren, hat unser ‚Magen-Denken' die Macht an sich gerissen. Wenn wir mehr der kühle und, wie man das so nennt, ‚logische' Typ sind, nehmen wir das ‚Denken' mehr im Kopf war. Wenn wir eine bedeutende seelische Belastung ertragen müssen, wird uns ‚flau im Magen'. So haben manche Menschen das, was man üblicherweise als ‚Prüfungsangst' bezeichnet. Wenn wir, bevor wir uns auf diesen Weg zum Licht der Erkenntnis begeben haben, doch einmal dem Gefühl des ‚selbstempfundenen Gutmenschen' erlegen waren, haben wir dieses, meist **fast mittig, auf der Vorderseite unseres Brustkorbes** und als **scheinbar wohltuendes Gefühl** gespürt.

ALLEN DIESEN ERSCHEINUNGEN ist jedoch gemeinsam, dass WIR die Kontrolle (meist vollständig) verloren zu haben scheinen. Und, um mit Meister Eckhart zu sprechen, es hat ein anderes ‚Wesen' oder eine andere ‚Kreatur' in uns die Herrschaft übernommen. Wir haben manchmal zwar noch das ‚Gefühl' selber aktiv zu sein (sehr oft zum Beispiel im Falle des ‚selbstempfundenen Gutmenschen') dies ist jedoch in den meisten dieser Fälle nichts weiter, als eine geschickt in unsere Selbstwahrnehmung implantierte **ILLUSION**. Seien Sie sich gewiss: in **keinem** DIESER Fälle ‚spricht' oder ‚denkt' hier unser unsterbliches ICH oder, wenn man so will, unser göttlicher Funke in uns. Und dies ist für uns die allesentscheidende Erkenntnis. Wenn Sie ein, nennen wir es einfach einmal ‚Denken' in einem dieser Bereiche unseres irdischen Körpers spüren, können Sie mit an Sicherheit grenzender Wahrscheinlichkeit davon ausgehen, dass nicht unser unsterbliches ICH oder unser Geist zu uns spricht, sondern etwas Anderes, **etwas in uns Fremdes**. Etwas nicht zu uns Gehöriges. Und so sind alle Versuche, mit dem ‚Kopf-Denken' zu ‚meditieren', um die **höheren** Bereiche des Seins zu erklimmen, von vornherein zum Scheitern verurteilt. Was auf den **unteren** Ebenen der Erkenntnis so noch möglich war, ist auf den höheren Ebenen meist nicht mehr allzu wirksam. Wenn man die **höheren** Ebenen des Seins erreichen möchte, genügt es nicht ‚kopfbetont' die dazu vorgeschlagenen Worte oder Formeln zu sprechen. Dies ist in den meisten dieser Fälle der falsche Platz dafür. Und so stellt sich jetzt natürlich die Frage, woran wir erkennen können, wenn unser Geist oder das Göttliche zu unserem Ich-Selbst spricht.

Bevor wir nun versuchen werden, gemeinsam diese Frage zu beantworten, lassen Sie uns jedoch noch eine erforderliche **Vorübung** dazu durchführen.
Ziel dieser Übung ist es, das Zentrum des jeweiligen ‚Denkens' BEWUSST durch UNS (also unser ICH-SELBST) und, somit wahlweise, zwischen einzelnen ‚Denk-Regionen' hin- und herwechseln zu lassen.
Auch, wenn sich Ihnen der Sinn dieser Übung vielleicht nicht unmittelbar und sofort erschließen sollte, erlernen wir doch damit, unser Denken und Fühlen später sogar an den Ort zu verschieben, an dem wir in der Lage sind, die Stille in uns zu erschaffen.
Die Vorübung:
Suchen Sie sich einen ruhigen Platz, an dem Sie nicht durch äußere Einflüsse und auch nicht durch irgendwelche Kommunikationsmittel gestört werden können. Am Besten schalten Sie zum Beispiel Ihr ‚Handy' aus und gönnen ihm wieder einmal eine Pause von Ihnen. Am Besten in seiner ‚Lieblingsschublade'. Wenn man daraus ein allabendliches Ritual macht, erleichtert dies das ‚Wiederauffinden' am nächsten Morgen enorm. ;-)

Es ist wichtig, dass Sie an diesem Tag keine weiteren Termine oder Aufgaben mehr haben. Falls Sie noch wichtige ‚Dinge im Kopf haben‘, schreiben Sie diese auf einen Zettel und lassen Sie das Thema danach **vollständig** los. Für den Einstieg in diese Technik empfiehlt es sich, diese jeden Abend im Bett und direkt vor dem Einschlafen durchzuführen. Erklären Sie in diesem Fall aber bitte Ihrem Partner/ Partnerin, was Sie vorhaben, damit dieser/ diese dann nicht gleich den ‚Notarzt‘ ruft, wenn Sie nicht wie gewohnt sofort reagieren. ;-)

Erster Teil der Übung:

Atmen Sie ruhig ein und aus.
Der Fokus liegt jedoch nur auf dem AUSATMEN.
Folgen Sie in Gedanken dem Weg der ausströmenden Luft.
Warten Sie geduldig, bis alle Gedanken in Ihnen vollständig zur Ruhe gekommen sind.

Stellen Sie sich vor, Ihr gesamtes ‚Denken‘ wäre in einer nur etwa handtellergroßen Kugel konzentriert. Diese ‚Denk-Kugel‘ können Sie mit Ihrem Willen, fast wie einen Ball, in Ihrem Körper hin- und her bewegen. Bewegen Sie diese ‚Gedanken-Kugel‘ jetzt einfach bis in ihre Magengrube. Sie spüren Ihr gesamtes ‚Denken‘ jetzt in Ihrer Magengegend versammelt. Halten Sie dieses Gefühl einige Zeit lang aufrecht.

Wenn Sie dazu bereit sind, bewegen Sie die Gedanken-Kugel durch einen, sich von selbst öffnenden aufwärts verlaufenden Kanal, durch den Brustkorb hindurch und bis in Ihren Kopf hinein. Sie spüren nunmehr Ihr gesamtes ‚Denken‘ in Ihrem Kopf. Halten Sie dieses Gefühl, so lange es Ihnen angenehm ist, dort.

Wenn Sie sich noch dazu in der Lage fühlen, wiederholen Sie die Übung noch einmal. Lassen Sie dazu jedoch zuerst die ‚Gedanken-Kugel' los, welche sich somit langsam aufzulösen beginnt. Warten Sie einige Minuten und beginnen Sie die Übung ein zweites Mal, wie beschrieben.

Falls Sie über dieser Übung einschlafen sollten, haben Sie trotzdem alles getan, was erforderlich war. Wichtig für den Erfolg dieser ersten Übung ist, dass Sie diese NIEMALS in Gedanken Revue passieren lassen. Dies würde sofort die positive Energie, die sich in uns einzustellen beginnt, verscheuchen. Dies gilt so auch für alle weiteren Übungen dieses Buches.
Üben Sie so geduldig und möglichst regelmäßig weiter, ohne jedoch irgendeinen Zwang daraus zu gestalten. Es ist völlig unerheblich, **wann** Sie das Ziel dieser Übung, den von uns geformte Gedanken- oder, wenn man so will, und vielleicht sogar noch treffender formuliert: **ENERGIE-BALL** mit Ihrem Willen in diesem irdischen Körper **aufwärts** bewegen zu können, erreichen.
„Es ist nicht von Bedeutung, wie langsam du gehst, solange du nicht stehenbleibst."
Konfuzius

Nach einiger Zeit der Übung werden Sie bemerken, dass Ihnen diese erste Übung von Mal zu Mal leichter fällt. Wenn Sie sich selbst dazu in der Lage fühlen und Sie auch dazu bereit sind, kommen wir nunmehr zum zweiten Teil dieser Übung.

Zweiter Teil der Übung:

Erschaffen sie den Energie-Ball und bewegen Sie diesen, wie wir es in der ersten Übung bereits erlernt haben, vom Magenbereich durch den sich von selbst öffnenden Kanal im Brustkorb hindurch bis in Ihren Kopf hinein. Halten Sie dort einen kurzen Moment inne.

Anstelle jetzt jedoch die Energie-Kugel loszulassen und so aufzulösen, bewegen wir diese wieder auf demselben Weg zurück. Vom Kopf kommend durch den Kanal im Brustkorb hindurch wieder bis in den Magenbereich zurück. Halten Sie den Energie-Ball dort noch so lange fest, wie es Ihnen angenehm ist und es vor allem Ihre Konzentration noch zulässt. Dann lassen Sie den Energie-Ball los und beobachten dabei, wie er sich langsam wieder auflöst.

Wenn Sie sich noch dazu in der Lage fühlen, wiederholen Sie diesen Vorgang so oft, wie es Ihre Konzentration zulässt. Auch, wenn Sie sich dessen zuerst nicht vollständig bewusst sind, dieser Transfer von, nennen wir es zunächst einmal: ‚mentaler Energie', ist für den Ungeübten üblicherweise sehr anstrengend. Auch hier gilt: üben Sie Geduld! Wenn Sie merken, dass Ihre Konzentration auch nur *etwas* nachlässt, lassen Sie die geformte Energie-Kugel *SOFORT* mit Ihren Gedanken los, damit sie sich auflösen kann. Nutzen Sie dann den verbleibenden Teil Ihrer Konzentration, um *IMMER* diesen Auflösungsprozess *AKTIV zu beobachten und so zu begleiten*.

Auch, wenn Ihnen dies vielleicht zuerst etwas ‚mystisch' erscheint, aber wir haben hier auch nur, jetzt jedoch WISSENTLICH und BEWUSST, das vollbracht, was unser Geist und unser unsterbliches ICH jeden Tag, jede Minute und jeden Atemzug an unserem irdischen Körper so verrichtet. So mit dem Zweck verrichtet, diesen irdischen Körper mittels (nennen wir es der Einfachheit halber zuerst auch einmal) ‚mentaler Energie', nach seinen Vorstellungen und zum Nutzen für uns zu gestalten. Und, was wir niemals vergessen dürfen, diesen irdischen Körper damit auch zu ERHALTEN. In dem Moment, da unser unsterbliches ICH diesen irdischen Körper verlässt (in der sinnlich-materialistischen Vorstellung auch als ‚Tod' bezeichnet) beginnt sofort der Verfall und Zerfall dieser irdischen Hülle. Der irdische Körper kehrt somit wieder dahin zurück, woher er genommen wurde.

Nach einiger Zeit und wenn Sie sich in dieser zweiten Übung sicher fühlen, können wir versuchen, den dritten Schritt dieser Vorübung zu wagen. Dieser Teil der Vorübung ist zugegebenermaßen der Schwierigste. Er wird uns jedoch die Tür zu einer völlig neuen und höheren Ebene der Wahrnehmung öffnen und ist so zugleich die allesentscheidende Voraussetzung dafür, die Stille in uns zu erschaffen und so auf unserem weiteren Weg sicher voranzuschreiten. Möglicherweise wird Ihnen dieser dritte Schritt nicht <u>sofort</u> gelingen. Dies ist völlig normal, da wir uns auf ein Gebiet begeben werden, welches wir als Menschen schon über längere Zeiträume hinweg nicht mehr betreten haben. Dieser Vorgang ist mit unseren irdischen Begriffen nur noch sehr schwer zu beschreiben, da es sich bereits um Bereiche handelt, die außerhalb unserer bisherigen (beschränkten) Sichtweise der Gesamtwelt liegen und es hierfür kaum noch vergleichbare und treffende Begriffe in dieser ‚sinnlich-materialistisch'-behafteten Sprache gibt. Der Verfasser hat sich jedoch bemüht, diese Vorgänge so gut wie möglich in unsere bisherige irdische Begriffswelt zu übertragen.

Dritter Teil der Übung:

Erschaffen und bewegen Sie den Energie-Ball zunächst, wie in der zweiten Übung erlernt, einige Mal vom Magen zum Kopf und wieder zurück. Lassen Sie diese Bewegung jetzt in Ihrem Kopf enden. Der Energieball befindet sich somit mitten in Ihrem Kopf (idealerweise etwas nach HINTEN versetzt in Ihrem Kopf). Bewegen Sie diesen Energie-Ball jetzt nach unten und GLEICHZEITIG nach hinten. Ziel dieser Bewegung ist in etwa die INNENSEITE des oberen Rückenbereiches. Mittig und ungefähr im oberen Drittel der Schulterblätter gelegen im Bereich der INNEREN Wirbelsäule.

Bitte schieben Sie die Energie-Kugel aber **nicht** so zwischen die Schulterblätter, wie man zum Beispiel eine Bowlingkugel dorthin schieben würde, denn **der Zielbereich dieser Bewegung LIEGT NICHT MEHR IN DIESEM IRDISCHEN KÖRPER**, sondern ist bereits ein Teil unserer Seele.

Sie werden wissen, was der Verfasser damit meint, wenn es Ihnen gelungen ist, so mit Ihrer Seele in Verbindung zu treten.

Haben Sie dies erreicht, können Sie den Energie-Ball nur noch **INDIREKT** mit Ihrem irdischen Körper spüren. Das, was dieser irdische Körper davon wahrnimmt, ist nur noch eine ERSCHEINUNG dieser Energie, welche bis in diesen irdischen Körper hineinwirken kann. Nicht jedoch mehr der Energie-Ball selbst als URSACHE dieser Erscheinung. Manchmal wird dieses damit verbundene Gefühl auch als ‚Muskelkater an einer Stelle, wo normalerweise keine Muskeln sind' beschrieben. Auf keinen Fall ist jedoch damit <u>zunächst</u> eine Wärmeempfindung verbunden. Es ist ein Gefühl der Ruhe und der ruhenden, aber lebendigen Energie.

Es handelt sich um ein Gefühl, ähnlich dem des ‚lebendigen Wassers', mit welchem bereits Johannes getauft hat. [24]

Hilfestellung:

Falls Ihnen diese dritte Teilaufgabe auch nach wiederholtem und geduldigem Üben nicht gelingen will, kann diese Hilfestellung vielleicht nützlich sein:
Stellen Sie sich diesen Energie-Ball in Ihrem Kopf einfach an einer Schnur hängend vor, deren anderes Ende an einem Punkt im Raum, welcher etwa zehn Zentimeter hinter Ihrem unteren Hinterkopf-Bereich liegt, befestigt ist. Diese Schnur ist straff gespannt. Wenn Sie den Energie-Ball jetzt nach unten bewegen, wird er, dieser Schnur folgend, eine Kreisbahn beschreiben und sich so, den Bereich unseres irdischen Körpers verlassend, bis in unseren Seelenbereich hinein bewegen. Nach einiger Übung sollte Ihnen diese Übung somit doch noch gelingen. :-)

---

[24] Siehe: Die Bibel, Neues Testament - Johannesevangelium

Aus den Erkenntnissen dieser drei Vorübungen heraus ergeben sich somit zwei einfach anzuwendende Regeln:

1. Der überwiegende Teil der POSITIV WIRKENDEN GEFÜHLE oder POSITIVE WIRKENDEN WAHRNEHMUNGEN in uns findet immer **im Bereich unserer Seele** statt, also in etwa im oberen Drittel der inneren Wirbelsäule, etwa im oberen Bereich der Schulterblätter, jedoch etwas tiefer gelegen im Körper.
2. Alle Gefühle und Wahrnehmungen der **‚Körpervorderseite'**[25] dieses irdischen Körpers sind **meist negativ besetzt** oder von negativ wirkenden Kräften oder, wenn man so will, negativ wirkenden ‚WESEN' veranlasst.

Prüfen Sie stets Ihr Denken, Fühlen und Handeln darauf, WO gleichzeitig die scheinbare Wahrnehmung in Ihrem irdischen Körper erfolgt. Sollten Sie dabei eine solche Wirkung an der KÖRPERVORDERSEITE spüren, nutzen Sie bitte umgehend das uns bereits aus dem ersten Band der Lichtreihe von John R. McCollins bekannte Mantra dazu, um dieses negativ in Ihnen wirkende WESEN zu neutralisieren:
Atme ruhig ein und aus. Kontrolliere dabei bewusst Deine Atmung. Konzentriere Dich dabei jedoch IMMER nur BEWUSST auf das AUSATMEN. Hast Du Deine innere Ruhe und Ausgeglichenheit gefunden, spreche jetzt in Gedanken folgendes:

[25] Dies sind zum Beispiel das Gefühl: ‚mir wird flau im Magen' oder das scheinbar ‚wohlige Gefühl im mittigen Bereich des vorderen Brustkorbes' als ‚Wirkung des ‚selbstempfundenen Gutmenschen', oder auch der ‚Rachegedanken'. Aber auch die körperlichen Wirkungen von Wut, Hass und Angst finden überwiegend an unserer KÖRPERVORDERSEITE statt und sind somit von nun an von uns eindeutig als negativ besetzt auszumachen.

‚Ich werde mir meiner Ruhe und meines Festpunktes im Universum BEWUSST. Alle meine Gedanken und Gefühle kommen nun zur Ruhe. Wohltuende Ruhe und Ausgeglichenheit erfüllt mich. Ist überall in mir zugleich zu spüren'

‚Die Liebe und das wahre Licht sind allbestimmend und alles Böse bleibt außen vor'

‚Die Liebe und das wahre Licht sind allbestimmend und alles Böse bleibt außen vor'

‚Die Liebe und das wahre Licht sind allbestimmend und alles Böse bleibt außen vor'

Lasse diese Gedanken noch einige Herzschläge lang in Dir verhallen und lausche dem Echo der verhallenden Gedanken tief in Dir selbst... Atme jetzt mehrfach tief ein und aus.
Der Fokus liegt jetzt jedoch auf dem EINATMEN.
Jetzt, wo der umklammernde Griff der dunklen Gedanken und dunklen Gefühle um Deine Seele wieder gewichen ist, wirst Du Dir dieser Umklammerung erst vollständig bewusst.

Sprich jetzt in Gedanken folgendes:
„Ich WILL und ich WERDE auf dem Weg der Liebe, der Wahrheit und des wahren Lichtes IMMER WEITER VORANSCHREITEN. Dies ist mein freier Wille."

Seien Sie sich immer bewusst:
Mit jedem Gedanken dessen, was wir im ‚sinnlich-materialistischen' Sprachgebrauch als ‚Verstand' zu bezeichnen gewohnt sind, entfernen wir uns von den ‚helfenden und beschützenden Wesen der Ewigkeit'. Diesen Wesen, welche man auch als ‚Engel' zu bezeichnen gewohnt ist.

Jedoch:
Ein einziger und wahrhaftiger Gedanke an die Ewigkeit verscheucht alle dunklen Gestalten und Wesen aus Deinem Denken, Fühlen und Handeln.

Von der ‚Erschaffung der Stille' in Dir

Nachdem wir die im Kapitel ‚Vom Begriff der Erschaffung der Stille in Dir' beschriebenen drei Vorübungen erfolgreich gemeistert haben, wollen wir uns jetzt der eigentlichen dritten Aufgabe, der Erschaffung der Stille in uns, selbst zuwenden.
Suchen Sie sich wieder einen ruhigen Platz, an dem Sie nicht durch äußere Einflüsse und auch nicht durch irgendwelche Kommunikationsmittel gestört werden können. Am Besten schalten Sie Ihr ‚Handy' wieder aus und gönnen ihm die wohlverdiente Pause von Ihnen. Am ‚Wohlsten' scheint es sich dabei mittlerweile in seiner ‚Lieblingsschublade' zu fühlen. Wie auch bereits bei unseren Vorübungen ist es auch hierzu wieder wichtig, dass Sie an diesem Tag keine weiteren Termine oder Aufgaben mehr haben. Falls Sie noch wichtige ‚Dinge im Kopf haben', schreiben Sie diese, wie gewohnt, auf einen Zettel und lassen Sie das Thema danach **vollständig** los. Erklären Sie bitte auch wieder und BEVOR Sie mit dieser Übung beginnen Ihrem Partner/ Partnerin, was Sie vorhaben, damit dieser/ diese damit entsprechend umgehen kann und somit keine Unterbrechungen unserer Übung zu erwarten sind.

ERSTER Teil der ‚Erschaffung der Stille in Dir'

Atmen Sie ruhig ein und aus.
Der Fokus liegt jedoch nur auf dem Ausatmen.
Folgen Sie in Gedanken dem Weg der ausströmenden Luft.
Warten Sie geduldig, bis alle Gedanken in Ihnen vollständig zur Ruhe gekommen sind.

Erschaffen Sie den ‚Energie-Ball' in Ihrem Magenbereich.
Nachdem er sich dort einige Zeit stabilisiert hat, bewegen Sie Ihn in Ihren Kopf und nach einem kurzen Zwischenhalt in unseren

Seelenbereich hinein. Halten Sie den Energieball jedoch dieses Mal dort mit der Kraft Ihres Denkens fest, in etwa so, wie man einen Tennisball in der Hand halten würde. Verwenden sie dazu jedoch ausschließlich die Kraft Ihrer Gedanken. Halten Sie die Kraft Ihrer Gedanken so lange aufrecht, wie es Ihnen angenehm ist und es, vor allem auch, Ihre Konzentration zulässt. Dann ‚öffnen' Sie langsam die ‚Gedanken-Hand' und beobachten dabei, wie sich der Energie-Ball langsam auflöst.

Fahren Sie fort damit, den oben beschriebenen ERSTEN Teil so lange geduldig zu üben, bis es Ihnen gelingt, den Energieball in unserem Seelenbereich über einen längeren Zeit-Bereich und ausschließlich mit der Kraft Ihrer Gedanken, so zusagen fest in Ihrer ‚Gedanken-Hand', zu halten.

Genau, wie bei allen unseren bisherigen Übungen gilt jedoch auch hier, üben Sie nur so lange, wie Sie sich ENTSPANNT dazu konzentrieren können. Nichts kann vom Universum ‚erzwungen' werden. Alles, was uns nicht von selbst zufließt, ähnelt nur den uns bereits bekannten ‚Streichhölzern in Kinderhand'.

Seien Sie sich auch immer gewiss: dieses ‚Üben von Geduld' gehört genauso zu unserer Entwicklung, wie diese Übungen selbst.

ZWEITER Teil der ‚Erschaffung der Stille in Dir'

Sie haben nun geduldig den ersten Teil der ‚Erschaffung der Stille in sich selbst' erfolgreich geübt. Im Ergebnis dieser Übung ist es Ihnen somit möglich, einen ‚Energie-Ball' zu formen, in Ihren Seelenbereich hinein zu verschieben und dort mit der Kraft Ihrer Gedanken ‚festzuhalten'. Im ZWEITEN Teil der ‚Erschaffung der Stille in Dir' wollen wir lernen, den Umweg über die Erschaffung des ‚Energie-Balls' in Ihrem Magenbereich, die Bewegung desselben durch den sich öffnenden Kanal im Brustkorb bis in Ihren Kopf und die anschließende Bewegung bis in Ihren Seelenbereich hinein als bisher notwendige Vorübung von nun an nicht mehr zu benötigen. Der Schlüssel dazu ist das, mit den Ausdrucksmöglichkeiten dieser irdischen Welt der ‚Maya', kaum noch zu beschreibende ‚Gefühl', wenn wir den Energieball in unserem Seelenbereich nur mit der Kraft unserer Gedanken festgehalten haben. Ziel des ZWEITEN Teiles der ‚Erschaffung der Stille in Dir' ist es somit, diesen Zustand selbst und OHNE die bisher notwendigen Zwischenschritte zu erreichen.

Wir beginnen in unserer ruhigen und störungsfreien Umgebung zunächst damit, den ersten Teil der ‚Erschaffung der Stille in Dir' DREIMAL direkt hintereinander auszuführen.
Atmen Sie ruhig ein und aus.
Der Fokus liegt jedoch nur auf dem Ausatmen.
Folgen Sie in Gedanken dem Weg der ausströmenden Luft.
Warten Sie geduldig, bis alle Gedanken in Ihnen vollständig zur Ruhe gekommen sind.

Erschaffen Sie den ‚Energie-Ball' in Ihrem Magenbereich.
Nachdem er sich dort einige Zeit stabilisiert hat, bewegen Sie Ihn in Ihren Kopf und nach einem kurzen Zwischenhalt in unseren

Seelenbereich hinein. Halten Sie den Energieball dort mit der Kraft Ihrer Gedanken fest, wie wir es bereits geübt haben.
Konzentrieren Sie sich jedoch dieses Mal NICHT auf das Festhalten, sondern AUSSCHLIESSLICH auf dieses sich in Ihnen einstellende ‚Gefühl' selbst.
Dann ‚öffnen' Sie langsam die ‚Gedanken-Hand' und beobachten dabei, wie sich der Energie-Ball langsam auflöst.

Führen Sie diese Übung noch zweimal direkt hintereinander aus.

Üben Sie so mehrere Abende geduldig weiter. Wenn Sie sich dazu auch selbst in der Lage fühlen, wollen wir gemeinsam den allesentscheidenden letzten Schritt ‚Zur Erschaffung der Stille in Dir' wagen. Nachdem dieses, sich mit den Begriffen dieser Welt der ‚sinnlich-materialistischen' Erscheinungen kaum noch beschreibbare ‚Gefühl', für uns **‚fassbar geworden ist'**, wollen wir gemeinsam versuchen, dieses ‚Gefühl' genau in der uns jetzt bekannten Erscheinung für uns und genau dort zu erschaffen, wo wir es in den vorhergegangenen Übungen bereits ‚erspürt' haben:

Atmen Sie ruhig ein und aus.
Der Fokus liegt jedoch nur auf dem Ausatmen.
Folgen Sie in Gedanken dem Weg der ausströmenden Luft.
Warten Sie geduldig, bis alle Gedanken in Ihnen vollständig zur Ruhe gekommen sind.

Erschaffen Sie nunmehr das uns bereits bekannte ‚Gefühl' genau dort und in genau der ‚Beschaffenheit', wie wir es bereits kennen gelernt haben. Verschieben Sie damit den Fokus Ihres ICH-Selbst dorthin.
Halten Sie dieses Gefühl, so lange es Ihnen angenehm ist, dort so aufrecht.

Wenn Sie dies erfolgreich vollbracht haben, können Sie nunmehr Ihren FOKUS in ‚Gedankenschnelle' oder, wenn man so will im Zeitraum eines ‚Wimperschlages' in unsere SEELE selbst bewegen. Doch diese Übung hat uns tatsächlich mehr gelehrt und mehr vermittelt, als wir vielleicht im Moment noch zu glauben geneigt sind. Wir haben gelernt unseren FOKUS, genauer noch den FOKUS unseres unsterblichen ICH, in unserem Seelenbereich zu FINDEN. Dieses ‚Empfinden' oder ‚Erspüren' unserer Seele durch unsere Selbstwahrnehmung öffnet uns nunmehr den Zugang zur Stille in uns selbst. Zur Stille in uns selbst, in der wir von nun an die Stimme des Universums wahrnehmen können.

‚Sollte Ihnen diese Übung auch nach mehrmaligem und geduldigen Üben (noch) nicht gelungen sein, ist wahrscheinlich das Kapitel:
‚Von der Kontemplation oder Vom Finden unseres Fokus'
im zweiten Teil dieses Buches dazu hilfreich. Lassen Sie dann zunächst die eben beschriebene Übung *vollständig* los und verinnerlichen Sie zunächst die dort beschriebene Übung. Erst, wenn Sie sich dort absolut ‚sicher' fühlen, kehren Sie hierher zurück.

Versuchen Sie geduldig weiter, dieses mit irdischen Begriffen, wie ‚Gefühl' oder auch ‚Wahrnehmung' nicht mehr zu beschreibende, GÖTTLICHE in uns zu ‚erspüren'.
Jetzt ist im Allgemeinen auch der Zeitpunkt erreicht, dass Sie dazu bereit sind, dabei ein feines ‚Klingen oder Singen' zu vernehmen, wenn Sie Ihren Fokus in Ihre SEELE verschieben. Auch dieses kann man mit irdischen Begriffen kaum noch beschreiben. Diese WELTENKLÄNGE werden dabei NICHT von unseren irdischen ‚HÖR-Sinnen' (sprich: ‚Ohren' dieses irdischen Körpers') vernommen, sondern können ausschließlich von unserem ICH-Selbst über einen

dazu notwendigerweise bereits von uns geöffneten GÖTTLICHEN Sinn (oder wenn man so will: GÖTTLICHEN Kanal) in uns WAHRGENOMMEN werden. Diese Wahrnehmung entsteht dabei in unserem unsterblichen ICH-Selbst (genauer noch in einem seiner bereits geöffneten GÖTTLICHEN Sinne), ohne dass dafür irgendwelche weiteren und ‚äußeren Sinne' erforderlich wären. ES IST DIE STILLE IN UNS SELBST, DIE WIR ERSCHAFFEN HABEN. DIE STILLE, IN WELCHER WIR (wahrscheinlich zum ersten Mal in dieser Inkarnation) DIE STIMME DES UNIVERSUMS, (oder genauer noch:) DIE STIMME DER EWIGKEIT VERNEHMEN KÖNNEN.

Diese Erfahrung ist übrigens alles andere als neu. Bereits **Johann Wolfgang von Goethe** beschreibt diese ‚Weltenklänge' in einem seiner Werke. Genauer noch im **‚Prolog im Himmel' aus ‚Faust – Erster Teil'** wie folgt:

Erzengel Raphael:
„Die Sonne <u>tönt, nach alter Weise</u>,
In Brudersphären Wettgesang,
Und ihre vorgeschriebne Reise
Vollendet sie mit Donnergang.
Ihr Anblick gibt den Engeln Stärke,
Wenn keiner sie ergründen mag.
Die unbegreiflich hohen Werke
Sind herrlich wie am ersten Tag."

Dieses vorstehende Zitat ist auf keinen Fall nur eine ‚dichterische Erfindung‘ oder gar nur eine ‚dichterische Floskel‘. Seien Sie sich gewiss: Goethe beschreibt in der Zeile: **„Die Sonne <u>tönt</u>, nach alter Weise,…“** genau dieses Phänomen.
Von nun an die, wenn man so will, ‚Stimme des GÖTTLICHEN‘, tief in sich selbst zu vernehmen ist jedoch nur ein **kleiner Teil** des Prozesses, der dadurch tatsächlich in unserem ICH begonnen hat. Angeregt durch dieses ‚Singen und Klingen‘, oder anders ausgedrückt, angeregt durch diese ‚Schwingungen‘, werden auch unser ICH-SELBST, unser Geist und sogar Teile unseres nichtirdischen Körpers ebenfalls in diese Schwingungen versetzt und **beginnen im Gleichklang mit dem Universum zu schwingen**. Wir befinden uns immer, wenn wir dieses mit irdischen Begriffen kaum noch zu beschreibende ‚Gefühl‘ erreichen, im Gleichklang mit dem Universum. Im Bereich der ‚sinnlich-materialistischen‘ Begriffe spricht man in diesem Fall üblicherweise von **RESONANZ**. Diese, nennen wir es ruhig auch erst einmal ‚Resonanz‘, führt zu bisher ungeahnten Verstärkungseffekten. Die Energie des Universums und unsere bisher schon erreichte POSITIVE ENERGIE addieren sich dabei nicht bloß, sondern es kommt zu **‚NICHTLINEAREN VERSTÄRKUNGSEFFEKTEN‘**, welche unter anderem auch weitere ‚Kanäle‘ für uns zu öffnen beginnen.
Bereits im ersten Band dieser Reihe haben wir uns mit solchen ‚NICHTLINEAREN SYSTEMEN‘ beschäftigt. Dabei haben wir festgestellt, dass viele Naturphänomene, aber auch gesellschaftliche Prozesse und Wechselwirkungen zwischen Menschen sogenannte ‚nichtlineare Systeme‘ sind. Das heißt, sehr stark vereinfacht, dass mehrere unbedeutende Ereignisse, die zueinander in Wechselwirkung treten, eine Folge (oder auch Reaktion des Gesamtsystems) in einem unerwarteten Ausmaß auslösen können. Oder, dass eine nur geringfügige Veränderung

einer Anfangsbedingung, dass gesamte System in einen anderen Endzustand versetzen kann.
Mit diesem Wissen ausgerüstet ist es für uns von nun an leichter zu verstehen, dass **JEDER EINZELNE VON UNS** mit seinem (manchmal auch noch so kleinen) Beitrag, **die GESAMTWELT zum Besseren verändern kann**.
In die Welt unserer ‚sinnlich-materialistischen' Begriffe transponiert, sind SCHWINGUNG UND RESONANZ die Schlüssel zum (leichteren) Verständnis der dort tatsächlich ablaufenden **höheren Prozesse und höheren Ordnungsprinzipien**.

Wir haben somit an dieser Stelle die erste der **erforderlichen** Grundvoraussetzungen auf unserem Weg in das GÖTTLICHE LICHT erreicht. Die erste der notwendigen Voraussetzung auf unserem weiteren Weg, welchen Mabel Collins in Ihrem Buch ‚Licht auf den Weg' wie folgt beschreibt:

„Bevor das Auge sehen kann, muß es der Tränen sich entwöhnen. Bevor das Ohr vermag zu hören, muß die Empfindlichkeit ihm schwinden. Eh' vor den Meistern kann die Stimme sprechen, muß das Verwunden sie verlernen..." [26]

Wir haben nunmehr gelernt, ‚dem Ohr die Empfindlichkeit zu nehmen'. Gemeint ist hier die Empfindlichkeit für die allgegenwärtigen ‚Ablenkungen' dieser Welt der ‚Maya'. Wir sind somit in der Lage, in der nun eingetretenen STILLE IN UNS die Stimme des Universums und, wenn man so will, die STIMME DER EWIGKEIT zu vernehmen.

---

[26] Mabel Collins – „Licht auf den Pfad" - Th. Grieben's Verlag, Leipzig, 1917

„Das Sein des Nichts
Dreißig Speichen treffen die Nabe,
die Leere dazwischen macht das Rad.
Lehm formt der Töpfer zu Gefäßen,
die Leere darinnen macht das Gefäß.
Fenster und Türen bricht man in Mauern,
die Leere damitten macht die Behausung.
Das Sichtbare bildet die Form eines Werkes,
das Nicht-Sichtbare macht seinen Wert aus.“
Laotse

Vom ‚GÖTTLICHEN LICHT'

„Diejenigen, die das einzige grundklare Licht aus farbigen Lichtern zusammensetzen, sind die eigentlichen Obskuranten [27]."

Johann Wolfgang von Goethe

In seinem Buch „Leben auf dem Mississippi" schreibt Samuel Langhorne Clemens, auch als ‚Mark Twain' [28] bekannt, sinngemäß, dass man die Schönheit eines Sonnenuntergangs über dem Strom (gemeint ist hier der Mississippi) nicht dadurch erkennen kann, indem man dieses grandiose Farben-Ensemble mit den wissenschaftlichen Namen der Farben dieses LICHTES benennt. Man erhält auf diese Weise kein BILD von diesem Sonnenuntergang, noch kann man den ‚wahren Zauber' dieses Wunders aus Farben und Farb-Nuancen auch nur ansatzweise erkennen oder gar verstehen. Die ‚sinnlich-materialistische' Betrachtungsweise dieses Wunders bleibt somit (wieder einmal) auf der Ebene der ERSCHEINUNGEN in dieser (Teil)-Welt ‚stecken'. Vielleicht erinnern Sie sich noch an Ihre Schulzeit und daran, wie zum Beispiel im Physikunterricht; die Frage: ‚Was ist Licht' damals und, ganz sicher einer ‚sinnlich-materialistischen' Sichtweise folgend, ‚erklärt' wurde. Vermutlich haben Sie damals die ‚Antwort' bekommen, dass Licht sowohl ‚Wellen-', als auch ‚Teilchencharakter' besitzt. Die meisten Menschen beschäftigen sich vermutlich an dieser Stelle nicht weiter mit diesem Thema und HINTERFRAGEN diese Antworten daher auch nicht. Lassen Sie uns daher gemeinsam diese Aussagen **HINTERFRAGEN**. Zunächst

[27] ‚Obskuranten' wird hier von Goethe wohl etwa in der Bedeutung von ‚Verdummer' oder eben auch ‚Dunkelmänner' gebraucht

[28] Amerikanischer Schriftsteller – 1835 bis 1910. Siehe auch Anhang: Personenregister zu Zitaten

wollen wir einmal rein sachlich und faktenbasiert feststellen, welche INHALTLICHE Aussage hier getroffen wird.

Fakt: Es ist in der ‚sinnlich-materialistischen Welt' erforderlich, dem Phänomen LICHT **ZWEI** (Denk-) Modelle zuzuordnen. Also das Modell der ‚Welle' UND das Modell des ‚Teilchens'. Wenn es möglich wäre die ERSCHEINUNGEN des Lichtes mit EINEM ganzheitlichen Modell zu beschreiben, hätte man es ganz sicherlich auch getan. Dies bedeutet jedoch schon einmal im Umkehrschluss, dass **KEINES** der beiden Modelle das PHÄNOMEN des LICHTES (ganzheitlich) erfassen kann.

Was denken Sie, was versucht man hier zu beschreiben:

- **die URSACHE DES LICHTES,**
- **DAS LICHT ALS PHÄNOMEN SELBST, oder**
- **die MIT DEN SECHS SINNEN DER ‚SINNLICH-MATERIALISTISCHEN' WELT erfassbaren ERSCHEINUNGEN des Lichtes in dieser (Teil-) Welt?**

Wahrscheinlich sind Sie zu dem Ergebnis gekommen, dass hier ausschließlich ERSCHEINUNGEN beschrieben werden. Eben die ‚Welle' oder das ‚Teilchen'. Der Kern der Frage ‚Was ist Licht' bleibt schlussendlich und rein sachlich betrachtet damit unbeantwortet. Seit dem ersten Buch dieser Reihe wissen wir bereits, dass wir vom Universum nichts zu erwarten haben, wenn wir blind sind für das Licht, welches HINTER diesen Erscheinungen wirkt oder, wenn man so will, blind ist für das LICHT, welches ÜBER diesen Erscheinungen steht. [29]

[29] Vergl. Zitat Antoine de Saint-Exupéry

„Ihr habt den Gang der Gestirne bis ins letzte erforscht, als eine Generation von Helden des Laboratoriums, aber ihr kennt das Gestirn nicht mehr. Es ist nur noch ein Kapitel in euren Büchern, aber es ist für euch nicht mehr ein Licht, denn ihr wisst weniger von ihm als ein kleines Kind." Antoine de Saint-Exupéry

Wie können wir uns nun aber das Wirken des Göttlichen Lichtes bis in unserer Welt und das Göttliche Licht selbst vorstellen? Nun, zuerst einmal wissen wir bereits aus den beiden ersten Bänden der LICHTREIHE von John R. McCollins, dass tief in uns ein Funke des Göttlichen Lichtes leuchtet. Nun gilt es jedoch für uns, diesen auch selbst zu erkennen, denn nur so kann er zur hell und golden lodernden Flamme in uns selbst werden. Nur, wenn man die bisherige Dunkelheit oder, wie es im Johannesevangelium heißt: „die Finsterniß [30]" erkennt, ist man überhaupt in der Lage, eben dieses Licht in dieser bisherige Finsternis auch tatsächlich zu sehen. **Oder einfacher formuliert: erst, wenn ich die Finsternis als Finsternis erkenne, kann ich überhaupt lernen, das wahre Licht von dieser Finsternis zu scheiden.**

Dies ist jedoch die GRUNDLEGENDE VORAUSSETZUNG dafür, überhaupt zu realisieren, dass man bisher ausschließlich in dieser Finsternis (Welt der Maya) ‚gelebt' hat.

„Denn in dir wohnt das Licht der Welt - das einzige, das deinen Weg bestrahlt. Vermagst du es nicht, es in dir zu erkennen, du wirst es anderswo vergebens suchen." [31]

Wie oft waren wir wohl in unserer Vergangenheit ‚ANDERSWO' auf der Suche nach diesem Licht? Wo haben wir es nicht überall zu

---

[30] Die Bibel - Neues Testament, Johannesevangelium. Nach der Übersetzung von Dr. Martin Luther, Verlag Canstein, Halle/Saale, Ausgabe 1890

[31] Mabel Collins – „Licht auf den Pfad" - Th. Grieben's Verlag, Leipzig, 1917

finden gehofft? Was haben wir nicht alles unternommen, um es zu finden, um einfach ‚glücklich' zu sein oder um ‚unsere vermeintliche Bestimmung' ‚ANDERSWO' zu finden? Dabei war das WAHRE LICHT die ganze Zeit mitten in uns. Wir waren jedoch einfach (noch) zu ‚blind', um es auch selbst zu erkennen.

Nach diesen erforderlichen Vorbetrachtungen wollen wir uns jetzt jedoch dem Göttlichen Licht selbst und dessen Wirkungen in der uns umgebenden realen Gesamtwelt zuwenden. Und wieder einmal ist es einer der bedeutendsten deutschen Dichter, welcher auch hierzu Fragen gestellt und Antworten für uns gefunden hat – Johann Wolfgang von Goethe [32]. In seinem Werk ‚Farbenlehre' [33] hat er das Phänomen LICHT und das Phänomen FARBE als einer der ERSTEN untersucht und die allgemeinen Wirkprinzipien von LICHT und FARBE erforscht und umfassend beschrieben. Auf einen, zugegebener Maßen sehr kurzen Nenner gebracht, kann man die für uns hier im Moment bereits wichtigsten Erkenntnisse wie folgt zusammenfassen:
Ausgangspunkte aller Betrachtungen Goethes waren Licht und Dunkelheit, also Weiß und Schwarz, oder eben auch, wenn man so will: ‚Gut und Böse'. Durch ein Prisma betrachtet, erkannte er an den Grenzlinien von Hell und Dunkel zuerst einmal ZWEI Farben. Direkt an den hellen Bereich angrenzend war dies 'Gelb'. Direkt an den dunklen Bereich angrenzend erkannte er ‚Blau'. ‚Blau' und ‚Gelb' bezeichnete er daher als erste oder, genauer noch, als die

---

[32] Johann Wolfgang von Goethe 1749 bis 1832. Siehe auch Anlage: Personenregister zu Zitaten.
[33] Johann Wolfgang von Goethe – ‚Farbenlehre', Cotta'sche Buchhandlung, Tübingen, 1810

‚Urfarben‘ [34]. Die Farbe ‚Gelb‘ und deren (weitere) angrenzenden Bereiche ordnete er somit dem LICHT, ‚Blau‘ und seine angrenzenden Bereiche dem Bereich der FINSTERNIS zu (nächtige Bereiche), wie dies in der nachfolgenden Grafik dargestellt ist.

Bei einer weiteren Aufspaltung des Lichtes im Prisma entstanden im LICHTBEREICH ‚Gelbrot‘ und im Bereich der FINSTERNIS ‚Violett‘. Diese Farben bezeichnete Goethe, vereinfacht gesagt, als ‚Steigerungen‘ der ‚Urfarben‘ ‚Blau‘ und ‚Gelb‘, welche er als ‚Polarität‘ bezeichnete. Die ‚Polarität‘ und die ‚Steigerung‘ beschrieb Goethe als **‚die zwei großen Triebfedern der Natur‘**. [35]

---

[34] Johann Wolfgang von Goethe – ‚Farbenlehre‘, Cotta'sche Buchhandlung, Tübingen, 1810; der Begriff ‚Urfarben‘ im Sinne der Farbenlehre Goethes bezeichnet somit die aus dem Gegensatz von Hell und Dunkel als erstes entstehenden Farben (Gelb und Blau) – oder eben auch: ‚Polaritäten‘

[35] Johann Wolfgang von Goethe – ‚Farbenlehre‘, Cotta'sche Buchhandlung, Tübingen, 1810

Wir wollen nachfolgend versuchen, uns die vorstehende Aussage von Johann Wolfgang von Goethe durch ein leicht nachvollziehbares Gedankenexperiment nahe zu bringen. Ziel ist es somit, diese Erkenntnis Goethes so einfach, wie möglich, in unsere heutige Gedanken- und Vorstellungswelt zu übertragen:
Am Anfang aller unserer Betrachtungen steht daher das GÖTTLICHE LICHT.
So am Beginn der Urschöpfung: „Und GOtt sprach: Es werde LICHT. Und es ward Licht..." [36].

Mit der Erscheinung des Göttlichen Lichtes in dieser Welt wurde gleichzeitig auch ‚Hell' und ‚Dunkel' voneinander geschieden. Es kam nicht nur zur Bildung von ‚Tag und Nacht', wie man dies vielleicht auf der ‚sinnlich-materialistischen' Ebene aus diesen Worten ausschließlich ableiten würde, sondern auch zur Urschöpfung aller Dinge und Lebewesen selbst und zur Erscheinung des Gegensatzes von ‚Hell' und ‚Dunkel'.
Diese Urschöpfung aller Dinge und Lebewesen zieht sich übrigens durch (fast) alle Religionen dieser Erde hindurch. Ob es sich hierbei um den Urschöpfer der Indianer, den Urschöpfer der fernöstlichen Religionen, den Urschöpfer der frühen Christen, oder eben auch den Urschöpfer der Germanischen Mythen handelt, die Beschreibungen sind (fast) überall nahezu identisch überliefert worden. Wir dürfen also mit einer gewissen Wahrscheinlichkeit durchaus davon ausgehen, dass sich uns hiermit ein recht ‚belastbares' Bild dieser Urschöpfung darstellt. ;-)
Wenn man einmal die, möglicherweise auch von außen stattgefundenen, Einflüsse der Seite des Dunkels unbeachtet lässt, dürfte die Entwicklung der ursprünglichen Lebewesen dieser Erde

---

[36] Die Bibel, Altes Testament, nach der Übersetzung von Dr. Martin Luther, Verlag Canstein Halle/Saale, Ausgabe 1890, Erstes Buch Mose - 1,3

zu einer Trennung von ‚Hell' und ‚Dunkel' oder, wenn man so will, zu einer Trennung in ‚Gut' und ‚Böse' geführt haben.
Wie dies bereits von Johann Wolfgang von Goethe beobachtet wurde, haben sich an den Grenzlinien von ‚Weiß' und ‚Schwarz' zuerst die POLARITÄTEN gebildet. Im Falle des verwendeten Prismas somit ‚Gelb' und ‚Blau'. Durch die weitere Verschärfung der treibenden Kraft, dem Gegensatz von ‚Hell' und ‚Dunkel', also dem Gegensatz von ‚Gut' und ‚Böse', kam es zur, von Goethe als ‚STEIGERUNG' bezeichneten, Entwicklung.
Das dunkle Prinzip versuchte, möglicherweise auch durch äußere Kräfte hierbei unterstützt, seine ‚Macht' auszubauen und zu vergrößern. Einfach ausgedrückt, wurde das Böse dadurch stärker. Das Gleichgewicht zwischen ‚Gut' und ‚Böse' wurde dadurch gestört.
Da es im Universum stets ein Gleichgewicht aller Dinge geben muss, wird auch (wenn auch möglicherweise etwas verzögert) das Gute, als Folge dieser ‚VERLETZUNG DER GÖTTLICHEN ORDNUNG', mächtiger. Es bildet sich ein (zeitweiliges) Gleichgewicht auf der nunmehr erreichten höheren Ebene der ‚Steigerungen' heraus. Im Fall der ‚Farbenlehre' von Johann Wolfgang von Goethe haben wir es stellvertretend mit dem Begriff der ‚Steigerungen' zu ‚Gelbrot' und ‚Violett' zu tun. Da der, wenn man so will, ‚Druck der dunklen Seite' immer stärker wird, entfernen sich nicht nur die ‚Polaritäten', sondern auch deren ‚Steigerungen' immer mehr und mehr und, dabei auch immer schneller und schneller werdend, voneinander und von ihrem Ursprung selbst.
Im Volksweistum gibt es auch hierfür wieder einmal ein sehr passendes Sprichwort:

„Dies ist JENSEITS von GUT und BÖSE"
Deutsches Sprichwort

Der oben beschriebene Prozess ist ein Teilprozess der sogenannten ‚Endzeit', wie diese zum Beispiel in der ‚Apokalypse' [37] der BIBEL beschrieben wird.

Bevor wir diese Erkenntnisse jedoch weiter verfolgen, wollen wir dass bisher Erreichte zunächst einmal zusammenfassen.
Dazu wollen wir versuchen, uns dieser Wahrheit durch zwei einfach nachzuvollziehende Versuche noch von einer etwas anderen Seite her zu nähern:

---

[37] In unserer heutigen Zeit wird unter dem Begriff der ‚Apokalypse' ein dem Urbegriff kaum noch entsprechendes Denkmuster unterlegt. Der Begriff der ‚Apokalypse' wird an DIESER Stelle und in DIESEM Buch jedoch ausschließlich in der wörtlichen, und wahrscheinlich auch ursprünglichen Bedeutung, in etwa als ‚Hebung des Schleiers' gebraucht. Ein solches ‚Heben des Schleiers' haben wir übrigens auch bei der Beschreibung der Kreuzigung Christi in der Bibel. Dort reißt im Tempel der Teppich, welcher das Heiligtum verbirgt, mitten entzwei.

Erster Versuch: Für unseren ersten Versuch benötigen wir zunächst:

- einen einfachen ‚Malkasten' mit Wasserfarben
- zwei Pinsel
- ein Blatt weißes Papier und
- einen Becher oder ein Glas mit Wasser.

Malen Sie zunächst eine etwa drei Mal fünf Zentimeter große GELBE Farbfläche etwa mittig auf das Blatt Papier. Lassen Sie die Farbe kurz antrocknen. Nutzen Sie jetzt den zweiten Pinsel, um eine in etwa genauso große Fläche blauer Farbe auf das Papier zu malen. Beide Flächen sollten sich dabei ungefähr um zwei Zentimeter überlappen. Ihr Blatt Papier sollte jetzt ungefähr, wie unten dargestellt aussehen.

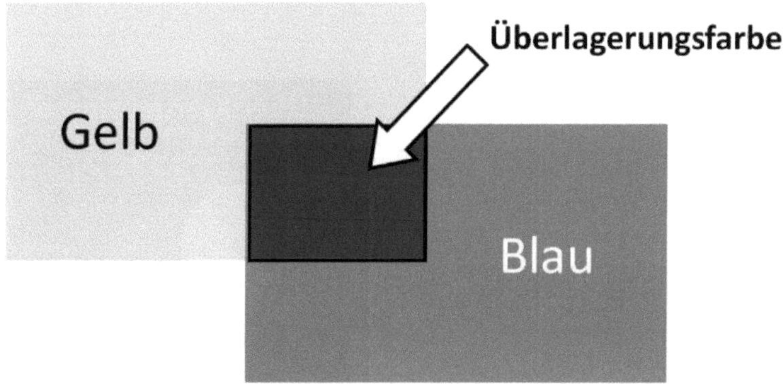

Betrachten Sie jetzt den Überlappungsbereich ganz genau. Welche neue Farbe hat sich hier durch die ÜBERLAGERUNG der beiden ‚Urfarben' ‚Gelb' und ‚Blau' ergeben?

Zweiter Versuch: Hierzu benötigen wir zwei baugleiche Taschenlampen mit rein weißem Licht, jeweils eine transparente Farbfolie in Gelb und in Blau (gibt es üblicherweise im Bastelbedarf zu kaufen) und wieder ein Blatt rein weißes Papier. Die beiden Folien befestigen wir jeweils auf einer der beiden Taschenlampen (z.B. mit transparentem Klebeband), so dass wir jetzt über eine Taschenlampe mit gelbem und eine Taschenlampe mit blauem Licht verfügen. Warten Sie bis zum Abend oder verdunkeln Sie Ihr Zimmer so weit, dass Sie die farbigen Lichtkegel, welche sich beim Einschalten der Taschenlampen auf dem Blatt weißen Papiers ergeben, hell leuchtend wahrnehmen können. Welche ÜBERLAGERUNGSFARBE erwarten Sie, wenn Sie beide Lichtkegel, genau so wie die Malfarben, ‚überlagern' lassen?

Möglicherweise werden sie erstaunt sein. ;-)

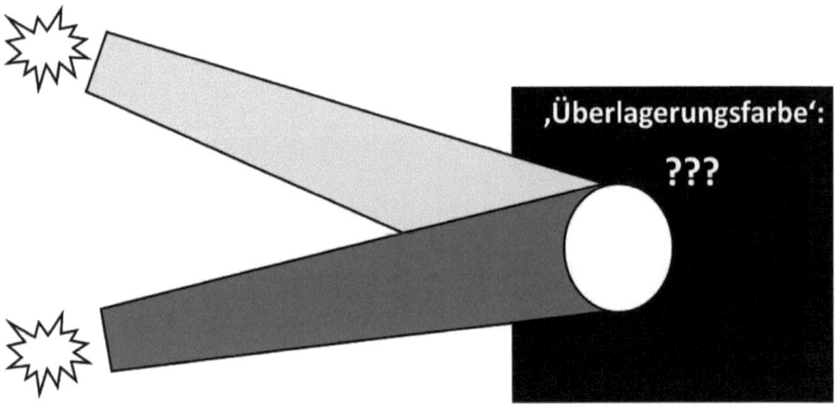

Falls es Ihnen nicht möglich ist, diese Versuche auch selbst durchzuführen gibt es im Anhang dieses Buches im Kapitel: ‚Auflösung der Versuche zum Göttlichen Licht' die Ergebnisse dieser Versuche in bildlicher Form. :-)

Was ist hier geschehen?

In beiden Fällen, also in Versuch eins **und** in Versuch zwei, haben wir die beiden ‚Urfarben' ‚Gelb' und ‚Blau', welche ja bekanntlich aus dem Gegensatz von ‚Schwarz' und ‚Weiß', ‚Hell' und ‚Dunkel' oder, wenn man so will, eben auch ‚Gut' und ‚Böse' entstanden sind, miteinander überlagert. Der Unterschied besteht jedoch darin, dass wir ‚Gelb' und ‚Blau' im **ersten Versuch physisch**, also **im ‚sinnlich-materiellen' Bereich**, oder eben auch **als ‚Materie'**, gemischt haben und im **zweiten Versuch** eben **im ‚nichtmateriellen' Bereich** oder, wenn man so will, im HÖHEREN oder eben auch GÖTTLICHEN Bereich, als **REINE FORM DES LICHTES**. Da dies für unsere weitere Entwicklung von enormer Wichtigkeit ist, wollen wir nachfolgend diese Erkenntnis nochmals ganz klar ‚auf den Punkt' bringen:

- an den Grenzlinien von Licht und Dunkel entstehen zunächst einmal die von Goethe als ‚Urfarben' bezeichneten Farben ‚Blau' und ‚Gelb'
- Überlagert man im ‚sinnlich-materialistischen' Bereich, dem stofflichen Bereich, oder, wenn man so will, im Bereich der ‚Maya' diese beiden ‚Urfarben' entsteht NICHT wieder der zu erwartende Gegensatz aus ‚Schwarz' und ‚Weiß', sondern die NEUE Farbe ‚Grün'
- Überlagert man im höheren Bereich, also, wie wir es im zweiten Band genannt haben, im Bereich der ‚materiefreien Energie' gelbes und blaues LICHT, entsteht REIN WEISSES. oder, wenn wir es so nennen wollen, GÖTTLICHES LICHT.

Nach diesen erforderlichen Vorbetrachtungen wollen wir uns wieder der weiteren Betrachtung des Gegensatzes von ‚Gut' und ‚Böse' und den immer schneller auseinanderstrebenden ‚Polaritäten' und deren ‚Steigerungen' zuwenden.

Sowohl die ‚Polaritäten', als auch die ‚Steigerungen' bewegen sich dabei linear, sozusagen auf je einem Strahl auf der Seite des ‚Lichtes' und genau gegenüberliegend auf der Seite der ‚Dunkelheit' voneinander und von ihrem gemeinsamen Ursprung weg.

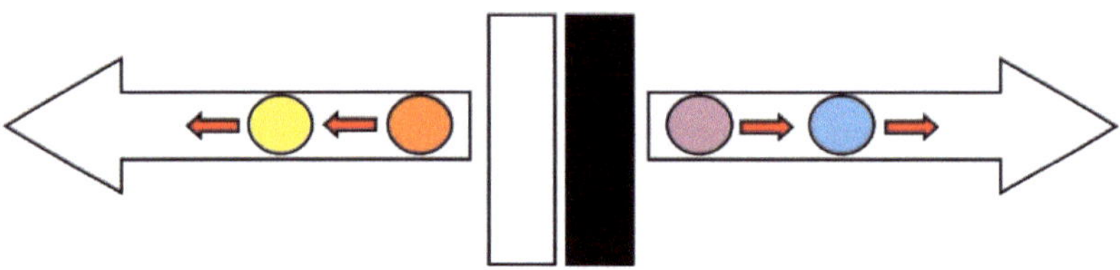

Wenn die ‚Störung des Göttlichen Gleichgewichtes' dabei eine bestimmte Grenze überschritten hat, geschieht etwas ganz bemerkenswertes. Die beiden Strahlen beginnen damit, zuerst im ‚Unendlichen' anzusteigen.

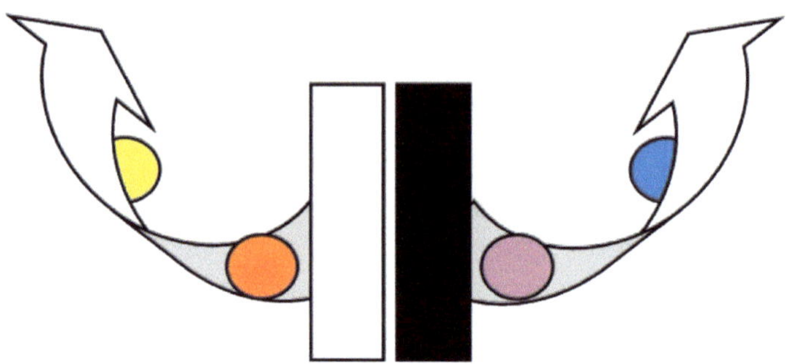

Diese Aufwärtsbewegung läuft wie eine sich ausbreitende ‚Tsunamiwelle' gleichzeitig über beide Strahlen in Richtung des gemeinsamen Ursprungs. Dabei beginnen die beiden Strahlen immer schneller und schneller anzusteigen, bis sie sich schlussendlich genau OBERHALB des Ursprunges, also OBERHALB des Gegensatzes von ‚Gut‘ und ‚Böse‘ zu einem idealen RING zusammenschließen:

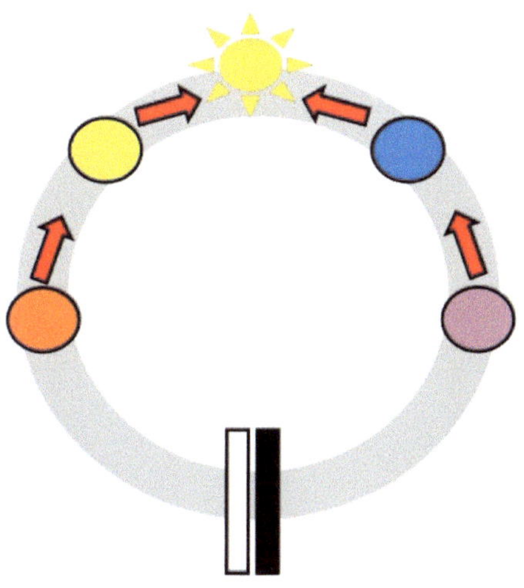

Die auf den jeweiligen Strahlen immer schneller dahineilenden ‚Polaritäten‘ und die ihnen folgenden ‚Steigerungen‘ treffen im Vereinigungspunkt beider Strahlen genau 180° gegenüber des Ursprunges aufeinander und es kommt somit zum **WIEDERERSCHEINEN DES GÖTTLICHEN LICHTES IN DIESER WELT.**

Wie wir bereits aus dem zweiten Buch wissen, gilt:

„Morgenröte und Auferstehung sind Synonyme. Das Wiedererscheinen des Lichtes ist der Fortdauer des Ich gleichzusetzen.“
Victor Hugo

Genau so, wie ‚Minus' und ‚Minus' wieder ‚Plus' ergibt und genau so, wie in unserem **zweiten Versuch** ergibt die ‚Überlagerung' der ‚Polaritäten' und eben auch die Überlagerung der ‚Steigerungen' **DAS REINE GOLDEN LEUCHTENDE GÖTTLICHE LICHT**.

Das reine GÖTTLICHE LICHT ist somit in dieser Welt WIEDERERSCHIENEN.

Sowohl die aufeinandertreffenden ‚Polaritäten', als auch die aufeinandertreffenden ‚Steigerungen' löschen sich im **GÖTTLICHEN UND GOLDEN LEUCHTENDEN LICHT GENEINANDER AUS**. Der Gegensatz aus ‚Hell' und ‚Dunkel' oder eben, wenn man so will, der Gegensatz aus ‚Gut' und ‚Böse', **‚die zwei großen Triebfedern der Natur'** [38] lösen sich im Aufstieg zum Göttlichen Licht auf. Oder anders formuliert:
Gut und Böse heben sich im reinen göttlichen Licht auf. Es bleibt nur REIN WEISSES LICHT oder genauer noch: das **ALLES ÜBERSTRAHLENDE GOLDENE GÖTTLICHE LICHT DER LIEBE DES EINEN AUF DIESER WELT UND ALLEN MIT IHR VERBUNDENEN WELTEN UND DIMENSIONEN**.

---

[38] Johann Wolfgang von Goethe – ‚Farbenlehre', Cotta'sche Buchhandlung, Tübingen, 1810

Unsere soeben erreichten Erkenntnisse kann man in etwa wie folgt zusammenfassen. Das PHÄNOMEN DES LICHTES, ausschließlich in der ‚sinnlich-materialistischen' Welt der ‚Maya' betrachtet, ist nichts weiter, als eine ERSCHEINUNG, deren wahre URSACHEN in einer höheren Ordnung liegen.
Lassen Sie uns nun gemeinsam diese höhere Ordnung und somit UNSERE BESTIMMUNG ALS MENSCHEN auf dieser Erde klar herausarbeiten:

Göttliches Licht erscheint auf dieser Welt

Es scheidet durch sein Erscheinen das Licht von der Finsternis.

Licht und Finsternis (gemeint ist hier auch immer die Menschheit selbst) beginnen sich zu entwickeln.

An den Grenzlinien kommt es dabei zur Aufspaltung in die ‚Polaritäten' (hier: ‚Gelb' und ‚Blau') oder auf die Menschheit selbst bezogen: in die ersten Erscheinungen von ‚Gut' und ‚Böse'.

Das weitere Voranschreiten dieser Entwicklung (also auch die Entwicklung der Menschheit) führt zur ‚Verschärfung dieser Gegensätze' und zur Herausbildung der ‚Steigerungen'.

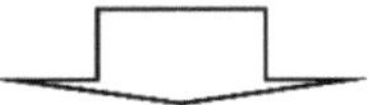

Das GÖTTLICHE GLEICHGEWICHT, oder wenn man so will: DIE GÖTTLICHE ORDNUNG, wird immer mehr und mehr gestört.

Immer mehr und mehr Menschen ‚positionieren' sich dabei jeweils auf der ‚SEITE DES GUTEN' oder eben auch auf der ‚SEITE DES BÖSEN'.

Wird hierbei eine, wenn wir es einmal versuchen mit einem Begriff der ‚Welt der Maya' zu beschreiben, KRITISCHE MASSE (bestimmter Anteil an positionierten Menschen) überschritten, führt dies zur immer weiteren Verschärfung des ‚Widerspruches' von ‚Gut' und ‚Böse' und schlussendlich zum, durch keine dunkle Macht mehr aufhaltbaren, also nach irdischen Begriffen unaufhaltsamen, GÖTTLICHEN FINALE.

Das Ziel der irdischen Entwicklung der Menschheit ist somit erreicht.

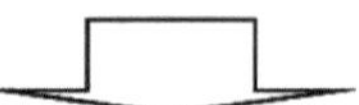

Der Aufstieg der Menschen, welche sich für die Seite des ‚Guten', also die Seite des ‚GÖTTLICHEN' durch eine Äußerung ihres FREIEN WILLENS entschieden haben, die Seite des ‚Guten' für sich durch Ihr Denken, Fühlen und Handeln erwählt haben, ist somit vollzogen.

Dieses Thema ist jedoch (wieder einmal) nicht so abstrakt, wie man vielleicht nach diesen Vorbetrachtungen anzunehmen gewillt ist. Die ERSCHEINUNGEN des Göttlichen Lichtes und das WIRKEN des Göttlichen Lichtes kann man auch in dieser Welt der ‚Maya' erkennen, wenn man diesen nur offen und völlig unvoreingenommen entgegen tritt.

Betrachten Sie doch einmal das untenstehende Foto eines Sonnenaufganges, aufgenommen bei einem Flug mit einer Passagiermaschine in Nord-Süd-Richtung. [39]

Was denken Sie, ist wohl auf diesem Foto zu sehen?

[39] Diese Aufnahme wurde dem Autor freundlicherweise von M. F. O. zur Verwendung in diesem Buch überlassen. Vielen Dank dafür!

Oder auch auf dem nachfolgenden Foto, welches an und von einem ‚magischen Ort', einem ‚**Energieort**', aufgenommen wurde?

Im vierten Band der LICHTREIHE von John R. McCollins werden wir uns übrigens auch noch weiterführend mit ‚**magischen Orten**‘ und ‚**Energieorten**‘, deren Wechselwirkungen mit unserem **Energiefeld** und auch mit ‚für uns an solchen Orten und Plätzen versteckten **Lichtbotschaften**‘ beschäftigen. ‚Stay tuned‘, wie man so zu sagen pflegt - oder, wie man dies wohl im Deutschen sagen würde: ‚bleiben Sie gespannt‘ auf das Kommende. :-)

„Sehnsucht nach Liebe ist Liebe.
Und siehe, du bist schon gerettet,
wenn du versuchst, der Liebe
entgegenzuwandern.“
Antoine de Saint-Exupéry

Die Sonne als ‚Sinnbild des Guten in unserer Welt'

Die Sonne als ‚Zentralgestirn' [40] unseres ‚Sonnensystems'. Als Licht- und Wärmespender und als Leben schaffender und Leben erhaltender hell leuchtender ‚Stern' ist für alle ursprünglichen Lebewesen dieser Erde, und so auch für uns als Menschen dieser Erde von existentieller Bedeutung. Ohne Ihren licht- und wärmespendenden Glanz wäre kein Leben im Sinne unseres Verständnisses auf dieser Welt möglich. Kein pflanzliches. Kein tierisches und somit auch kein menschliches Leben. Wie schmal der Grat ist, auf dem wir jeden Tag und, ohne das sich die Masse der Menschen dessen tatsächlich bewusst ist, wandeln, drängt sich dem unvoreingenommenen Beobachter zum Beispiel bei einer vollständigen oder auch schon teilweisen ‚Verdeckung' der Sonne durch den Mond auf. Im ‚sinnlich-materiellen' Sprachgebrauch ist dann meist von einer ‚Sonnenfinsternis' die Rede. Tritt die Erde in den Kernschatten des Mondes ein, fällt schon nach wenigen Minuten die Temperatur extrem und rapide ab.

Die Sonne als Sinnbild, **als Symbol**, oder eben auch als Erscheinung **des GUTEN** in dieser Welt ist bereits in den ältesten Überlieferungen (fast) aller Völker dieser Erde zu finden.
So zum Beispiel im ‚Hymnus des Veda': „Mit der Nacht weichen die Sterne wie Diebe vor dem Gott, der Alles enthüllt. Sein Strahl beleuchtet alle Geschöpfe wie sprühende Feuersgluth. Vor den

---

[40] Vielleicht ist es an dieser Stelle interessant einmal darauf hinzuweisen, dass noch genau im Jahre 1600 der Mönch Giordano Bruno von der Inquisition der Katholischen Kirche für die Aussage, dass die Sonne im Zentrum unseres Sonnensystems stehen würde, dem Scheiterhaufen übergeben wurde. Wenn man bedenkt, dass zum Beispiel Isaak Newton (definierte z.B. als erster das Gravitationsgesetz) im Jahre 1643 geboren wurde, ist dieser Fakt vielleicht etwas ‚ernüchternd'. ;-) „Wer meine Meinung nicht teilt, kann trotzdem ein ehrbarer Mann und mein Freund sein." - Chinesische Weisheit

Göttern, vor den Menschen steigst du empor, Sûrya! [41] Mit aller Macht hat sich die Sonne erhoben, sie tödtet mir den feindlichen Mann, ich selbst hätte ihn nicht zurück gescheucht.“ [42]
Soweit zunächst einmal zum ‚Hymnus des Veda‘.
Wir wollen uns hier und in diesem Band der LICHTREIHE jedoch zuerst mit den älteren deutschsprachigen Überlieferungen beschäftigen. Ein Beispiel ist dieses nach [43] nachweislich mindestens aus dem 14. Jahrhundert stammende deutsche Sprichwort:

„Es wird nichts so fein gesponnen,
es kommt endlich an die Sonnen.“
Deutsches Sprichwort

Weitere Beispiele sind aber auch die Sage ‚Die Kraniche des Ibycus‘, in welcher sich die Mörder des Ibycus selbst verraten (müssen) oder das Märchen ‚Die klare Sonne bringt es an den Tag‘ in dem der Verbrecher schlussendlich durch die Macht der Sonne gerichtet wird - Gebrüder Grimm.
Wir wollen jedoch bei unseren Betrachtungen noch weiter zurückgehen und uns so mit den Ursprüngen, welche bereits in der germanischen Mythologie und im URCHRISTENTUM liegen, beschäftigen.

In dem Buch ‚Die Symbolik von Sonne und Tag‘ fasst Hugo Wislicenus [44] diesen Grundgedanken in folgenden Worten zusammen:

---

[41] ‚Sûrya‘, aus dem Sanskrit stammend, bedeutet so viel, wie ‚Sonne‘ oder ‚Sonnengott‘
[42] Die Symbolik von Sonne und Tag‘, Hugo Wislicenus, Zweite Ausgabe, Schabelitz’sche Buchhandlung (Cäs. Schmidt), Zürich, 1867, Seite 4
[43] ebenda
[44] ebenda, Seite 6

„Beim Aufgang der Sonne verlassen die nächtlichen Ungethüme, die Riesen, die Geister der Gestorbenen, die Zwerge und Dunkelalfen, welche die Finsterniss herbeiführen, die Erde... Aber nicht nur das. sondern der Sonne Schein **vernichtet** auch **die Riesen und Zwerge**, wenn sie nicht bei Zeiten fliehen, ehe sie davon getroffen werden: sie werden in Steinbilder verwandelt oder zerspringen."

So kommt in vielen nordischen Märchen vor, dass Riesen, wenn sie die Sonne erblicken zerspringen oder zerbersten.

So zum Beispiel in dem Märchen „Das Schloss, welches auf Goldpfeilern stand" [45]:

„Eine arme Hintersassentochter wird durch die List ihres Katers die Gattin eines Königsohns und kommt in Besitz eines schönen, auf Goldpfeilern stehenden Schlosses, dessen Besitzer, ein wilder Riese ist, welcher dadurch überwunden wird, dass der Kater sich in einen grossen, dicken Laib Brod verwandelt und sich vor das Schlüsselloch des Schlossthores legt, während der Riese nicht daheim ist." [46] Der Riese kann wegen des Brotlaibes nicht in das Schloss und wird vom Kater mit einer Geschichte so lange hingehalten, bis die Sonne im Rücken des Riesen aufgeht und der Kater ausruft: „Sieh! Schon reitet die schöne Jungfrau am Himmel bergauf!". Der Riese kehrt sich um, sieht die aufgehende Sonne, fällt rücklings nieder und zerbarst." [47]

„Eine andere Variante erzählt dasselbe von einem Hund Prisse, der sich in einen Knochen verwandelt und im Schlüsselloche sitzt. Als die Sonne aufgeht und das Schloss bescheint, ruft der Hund: „Kehre dich um, so wirst du eine schöne Jungfrau sehen, die krönt

---

[45] Cavallius und Stephens, ‚Schwedische Volkssagen und Märchen', deutsch von Oberleitner, Wien, 1848

[46] Die Symbolik von Sonne und Tag', Hugo Wislicenus, Zweite Ausgabe, Schabelitz'sche Buchhandlung (Cäs. Schmidt), Zürich, 1867 Seite 6

[47] ebenda

dich mit einer goldenen Krone.“ [48] Auch hier fiel der Riese zu Boden und zerbarst.
Dieses Motiv findet sich noch in einer bedeutenden Anzahl weiterer Sagen und Märchen aus dem nördlichen Bereich. So zum Beispiel im „Märchen vom Knaben Roll“ oder in dem „Märchen von Silwerhwit und Lillwacker“, in welchem die Prinzessin SOLFALLA sich und den in die Gewalt eines Meerweibes geratenen Prinzen durch die Verwandlung in eine Gans und einen Gänserich zur Flucht vor dem Meerweib verhilft. Das Meerweib verwandelt sich nun in einen Fuchs, um die Gänse zu jagen. Die Sonne geht auf und SOLFALLA ruft als Gans dem Fuchs zu: „Ha, Ha, Mickel Fuchs! Sieh dich um, dort kommt eine schöne Jungfrau gegangen.“ Die Meerfrau sieht sich um, springt mitten entzwei und stirbt so.“ [49]

Ist Ihnen übrigens der Name der Prinzessin im letzten Märchen aufgefallen? **SOLFALLA**. „Sol“ die Sonne und „Falla“ der „Fall“ oder auch der „Tod“.
In dieser kombinierten Wortform als ‚sôlar-fall‘ auch in der Bedeutung von ‚Sonnenuntergang‘ oder ‚Fallen‘ in der Bedeutung von ‚Sterben‘ oder ‚Untergang‘ (germanisch) gebraucht. [50]

Was weiterhin auffallend ist; allen diesen Märchen, Sagen und Schilderungen sind zwei Dinge gemeinsam:

1. Die Sonne als Sinnbild, als Symbol des Guten in dieser Welt wirkt hier IMMER als PASSIVES ELEMENT. Dieses ‚**Wiedererscheinen des wahren Lichtes in dieser Welt**‘, denn um ein ‚Wiedererscheinen‘ **als Symbolik** handelt es

[48] Die Symbolik von Sonne und Tag‘, Hugo Wislicenus, Zweite Ausgabe, Schabelitz’sche Buchhandlung (Cäs. Schmidt), Zürich, 1867 Seite 6
[49] ebenda, Seite 7
[50] Siehe: ‚Vergleichendes Wörterbuch der indogermanischen Sprachen‘, August Fick, zweite Auflage, Vandenhoeck & Ruprechts Verlag, Götiingen, 1871

sich hier zweifellos, da ja in allen Schilderungen gerade der NEUE TAG BEGINNT und wir es hier somit IMMER mit dem ‚Sonnenaufgang' zu tun haben, löst einfach nur durch sein ‚Erscheinen' alles ‚Böse' sofort auf. Seien Sie sich gewiss: hierbei handelt es sich genau um den Vorgang, welchen Goethe in seinem Buch ‚Farbenlehre' [51] so untersucht und beschrieben hat und mit welchem wir uns im vorherigen Kapitel bereits ausführlich beschäftigt haben. Und so gewinnt das uns schon bekannte Zitat von Victor Hugo hiermit seine volle Bedeutung für uns:

„Morgenröte und Auferstehung sind Synonyme. Das Wiedererscheinen des Lichtes ist der Fortdauer des Ich gleichzusetzen."
Victor Hugo

Wie wir bereits aus den beiden vorherigen Bänden der LICHTREIHE von John R. McCollins wissen, verfügt das ‚Gute' sowohl über eine aktive. als auch über eine passive Seite. Das ‚Gute' muss **nicht** aktiv wirken, um ‚Gutes' zu erschaffen oder zu bewirken. Es ist bereits ausreichend, als ‚Gutes' in dieser Welt ‚ZU ERSCHEINEN', um diese Welt zum ‚Guten' zu gestalten. Dies ist im ‚Bösen' niemals möglich. Das ‚Böse' muss **IMMER**, um in dieser Welt der ‚Maya' als ‚Böses' AKTIV zu werden, selbst oder durch dritte ‚ALS BÖSES AKTIV WERDEN'.

2. Nicht nur die ‚Bösen Wesen' zerspringen oder zerbersten durch den Anblick der Sonne, dem Sinnbild des Guten, oder genauer noch, der ERSCHEINUNG DES GUTEN IN DIESER

---

[51] Johann Wolfgang von Goethe – ‚Farbenlehre', Cotta'sche Buchhandlung, Tübingen, 1810

WELT, sondern, was eigentlich noch wichtiger erscheint: **DIE SONNE WIRD IMMER ALS SCHÖNE JUNGFRAU BESCHRIEBEN.**

Lassen Sie uns, um dieses Thema, zumindest für diesen Band der LICHTREIHE VON JOHN R. McCollins vorerst abzuschließen, nach Parallelen dazu in den ältesten schriftlichen Überlieferungen dieser Welt suchen. So gibt es zunächst in der Bibel eine auffällige Parallele. Im Matthäus-Evangelium finden wir dazu folgende Stelle: ***„Joseph aber, ihr Mann, war fromm und wollte sie nicht rügen; gedachte aber sie heimlich zu verlassen.“*** [52]

„Indem er aber also gedachte, siehe, da erschien ihm ein Engel des HErrn im Traum, und sprach: Joseph, du Sohn Davids, fürchte dich nicht, Maria, dein Gemahl, zu dir zu nehmen; denn das in ihr geboren ist, das ist von dem heiligen Geist.“ [53]

„...Er wird sein Volk selig machen von ihren Sünden.“ [54]

In diesem Kind, geboren von einer **JUNGFRAU**, einer **JUNGFRAU**, welche in einer auffallend großen Anzahl von nordischen Märchen und Sagen als die alles Böse hinwegfegende **SONNE - ‚DAS LICHT DIESER WELT‘** beschrieben wird, gebiert hier einen Sohn. Den Menschensohn. Den eingeborenen Sohn des **VATERS** oder eben auch: **DEN HEILAND**

---

[52] Die Bibel, Neues Testament, nach der Übersetzung von Dr. Martin Luther, Verlag Canstein Halle/Saale, Ausgabe 1890, Matthäus 1,19

[53] ebenda, Matthäus 1,20

[54] Die Bibel, Neues Testament, nach der Übersetzung von Dr. Martin Luther, Verlag Canstein Halle/Saale, Ausgabe 1890,, Matthäus 1,21

Den Heiland,
welcher über sich selbst zu seinen Jüngern sagt:

„Ich bin DAS LICHT DER WELT: wer mir nachfolgt, der wird nicht wandeln in Finsterniß, sondern wird das Licht des Lebens haben.“ [55]
Johannes 8,12

[55] Die Bibel, Neues Testament, nach der Übersetzung von Dr. Martin Luther, Verlag Canstein Halle/Saale, Ausgabe 1890, Johannes 8,12

Von ‚Raum und Zeit‘

An dieser Stelle ist es für uns nunmehr ‚an der Zeit‘ [56] ;-) uns mit den Erscheinungen ‚Raum‘ und ‚Zeit‘ weiterführend zu beschäftigen. Zwei einfache und leicht nachvollziehbare Beispiele sollen uns dabei helfen.

Erstes Beispiel:

Stellen Sie sich vor, unsere gesamte und uns scheinbar umgebende Welt wäre aus einem **einzigen**, scheinbar endlosen, **Faden** gewebt. Wir sehen so um uns herum Bäume und Blumen, Gräser und Farne, Häuser und Straßen, Licht und Farben, Menschen und Tiere, Hell und Dunkel und dergleichen mehr.Alles erscheint uns in dieser Welt der Maya einzigartig zu sein und sich untereinander und, vor allem, VONEINANDER vollkommen zu unterscheiden. Obwohl dies alles, genau betrachtet, tatsächlich nur aus diesem **einzigen** Faden besteht. So, wie man aus einem Wollfaden heute eine Mütze und morgen vielleicht einen Pullover oder Handschuhe stricken kann, bleibt der Wollfaden doch immer derselbe. Es ist völlig unerheblich, ob ich eine Mütze oder einen Pullover, oder eben auch Handschuhe als ERSCHEINUNGEN des völlig identischen Wollfadens erzeuge. Und so, wie in diesem stark vereinfachten Beispiel. können wir uns auch die tatsächlichen Vorgänge, Wirkungen und Erscheinungen in dieser Welt der ‚Maya‘ vorstellen.

Alles, was wir um uns herum bisher zu **ER**kennen oder auch zu **KENNEN** glaubten, sind schlussendlich eben auch nur ERSCHEINUNGEN oder, wenn man so will, Erscheinungsformen (Mütze, Pullover, Handschuhe) dieses EINZIGEN Fadens. Alles um uns herum ist somit nur ein Produkt dieses EINZIGEN (GÖTTLICHEN) Fadens. Der Faden ist somit in unserem Beispiel:

---

[56] Begrifflichkeit aus dem Bereich der uns umgebenden ‚Maya‘ ;-)

„Die Kraft, die diese Welt im Innersten zusammenhält." Johann Wolfgang von Goethe

Diese **Kraft** ist es, welche HINTER, oder wenn man so will: **über** allen Dingen dieser Welt der ‚Maya' steht und diese dabei **durchzieht**, wie in unserem Beispiel der Wollfaden zum Stricken. **Diese Kraft ist somit die wahre URSACHE aller dieser Erscheinungen.** Der Faden ist jedoch **NIEMALS** diese Erscheinung selbst. Man wird diesen ‚Faden' somit auch niemals als ‚Faden selbst' in dieser Welt der Maya erkennen können. Wer dies versucht, sucht am falschen Platz. Der Faden ist dabei jedoch IMMER gleich und bleibt somit von diesen Erscheinungen selbst unberührt. Nur seine ERSCHEINUNGS**FORM** in dieser Welt, der Welt der Maya, variiert von Mal zu Mal und erzeugt somit die Illusion der jeweils von uns (scheinbar) wahrgenommenen ERSCHEINUNG in dieser (Teil-)Welt. In der mittelalterlichen Anschauung wurde diese Kraft daher auch als ‚materia prima' [57] oder wohl manchmal sogar als der ‚Stein der Weisen' bezeichnet. Wohlgemerkt: ‚**materia** prima' – der ‚Ur-Stoff' oder die ‚Urmaterie'.
Ohne Faden keine Erscheinungen und ohne diese Erscheinungen existiert somit auch **kein Raum** und auch **keine Zeit** in dieser Welt der Maya. Mit einem weiteren Beispiel wollen wir diese Grunderkenntnis noch weiter ‚auf den Punkt bringen'.

Zweites Beispiel:
Im diesem zweiten Beispiel wollen wir uns vorstellen, als Zuschauer an einer Lasershow teilzunehmen. Wir haben dazu bereits im Zuschauerraum Platz genommen. Vor uns befindet sich eine große

---

[57] ‚materia prima' – lat.: die erste, oder ursprüngliche Materie, oder, wenn man so will: ‚die Urmaterie' oder auch der ‚Urstoff aller Dinge, die man dabei bereits betrachtete

‚opake' und ‚nachleuchtende'[58] Leinwand, oder, wenn man so will: ‚Projektionsfläche', hinter welcher der Laser mit allen für diese Show erforderlichen Spiegeln, Prismen und Stellmotoren, sowie der gesamten Steuer-Elektronik, angeordnet ist.
Der Raum wird jetzt langsam verdunkelt und die eigentliche Lasershow beginnt. Durch die Spiegel und Prismen wird dieser **einzige** Laserstrahl (einzelner Laserpunkt auf der Projektionsfläche) so abgelenkte und so gesteuert, dass im Zuschauerraum die Illusion beliebiger Bilder erzeugt werden kann. Wir sehen dort (scheinbar) einen Hasen dahinhoppeln, eine Libelle schwirrt vorbei und ein Igel kommt ‚des Weges'. Wir sehen dort aber auch die **Illusionen** von Bäumen, Sträuchern, Gras, Blumen, Häusern, ja sogar die **Illusion** von Menschen, welche zwar in dieser vereinfachten Welt der ‚Maya' durchaus REAL ERSCHEINEN aber, wie wir wissen, so nicht existent sind. Und so, wie in diesem vereinfachten, und leicht zu überschauenden, Beispiel müssen wir uns auch das Wirken des **EINZIGEN GÖTTLICHEN LICHTSTRAHLES** (in unserem Beispiel war dies der **einzige** Laserpunkt) vorstellen. **Dieser GÖTTLICHE LICHTSTRAHL erzeugt ALLE diese ERSCHEINUNGEN in Raum und Zeit. Und, wenn man sich vollständig dieser Illusion hingibt, scheinbar sogar Raum und Zeit selbst in dieser Welt der ‚Maya'.**

„Der [Laser-]Punkt, der allein wirklich ist, wird dazu gebracht, auf verschiedene Weise sich kundzugeben, und bleibt doch immer die einzige Wirklichkeit, die den Grund zu allen diesen Erscheinungen abgibt; jedoch

[58] ‚opak' bedeutet hier so viel, wie undurchsichtige, aber durchscheinende Projektionsfläche für den dahinter angeordneten Laser; ‚nachleuchtend' bedeutet hier, dass diese Projektionsfläche, wenn der Laserpunkt sich darüber hin bewegt noch eine gewisse ‚Zeitspanne' leuchtet, auch wenn der Laserpunkt schon ‚weitergewandert' ist.

verliert es sich dem Anscheine nach in seinen Kundgebungen.“ [59]

Dies wird uns, und jetzt auf unser Beispiel von der Lasershow bezogen, bereits schon in dem Moment absolut klar, wenn man dort einfach die opake Leinwand entfernt. Der **einzige** sich dort bewegende Lichtpunkt ist jetzt für **alle** Zuschauer sofort auch als **einzelner Lichtpunkt** erkennbar (man löst sich somit von der **Illusion des Raumes** und allen ERSCHEINUNGEN dieser Illusion, die wir bisher immer als ‚Raum‘ bezeichnet haben).

Löst man sich jetzt dazu auch noch von der ‚Illusion der Zeit‘, in unserem Beispiel vielleicht einfach durch die Verwendung einer sogenannten ‚Hochgeschwindigkeitskamera‘, welche eintausend oder noch mehr Bilder pro Sekunde aufnimmt, ist auf **JEDEM** dieser einzelnen Bilder IMMER und ohne jede Ausnahme, ausschließlich der **EINE** LICHTPUNKT zu sehen. Keine Bilder von Bäumen, keine Sträuchern, kein Gras, keine Blumen, keine Häuser und auch keine Menschen. Die ERSCHEINUNGEN dieser scheinbaren Welt der ‚Maya‘ haben sich in ihrer GEMEINSAMEN UND WAHREN URSACHE, dem **GÖTTLICHEN LICHTSTRAHL** aufgelöst. Es ist stets und ständig nur dieser eine Lichtpunkt zu sehen, oder auf uns als Menschen übertragen: wir können das GÖTTLICHE in allen Dingen und als deren WAHRE URSACHE, als deren WAHREN URSPRUNG, stets und ständig erkennen.
Wenn wir gelernt haben, uns mit unserem Geist von ‚Raum‘ und ‚Zeit‘ zu lösen, wird sich uns das GÖTTLICHE in seiner URFORM offenbaren. Frei von allen Erscheinungen dieser Scheinwelt,

---

[59] ‚Studien über die Bhagavad Gîtâ – Dritte Folge‘ The Dreamer, Verlag Max Altmann, Leipzig 1906, Seite 65

welche um uns errichtet ist. Das GÖTTLICHE als URSACHE aller jener Erscheinungen, die wir als ‚Raum' und ‚Zeit' zu bezeichnen gewohnt sind, die aber TATSÄCHLICH NUR ERSCHEINUNGEN (oder, wenn man so will: Kundgebungen) **IN** RAUM UND ZEIT SIND.
Dadurch, dass wir diese Erscheinungen bisher immer als REAL akzeptiert haben, waren wir auch der Meinung, dass ‚Raum' und ‚Zeit' für uns real, also für uns bestimmend, wären.
Gelangen wir jedoch an diesen Punkt, an dem wir uns von der Illusion dieser ERSCHEINUNGEN ein für alle Mal befreien, haben ‚Raum' und ‚Zeit', und somit auch die Erscheinung, die wir in dieser Teil-Welt, der Welt der Maya, als ‚Tod' bezeichnen, jegliche Bedeutung für uns verloren.
Wir erkennen so (vielleicht zum ersten Mal in dieser Inkarnation), dass der ‚Tod' nur ein **‚NOTWENDIGER ÜBERGANG'** ist. Ein jeder kann frei durch seine WILLENSÄUSSERUNG für sich entscheiden, ob dieser ÜBERGANG nach oben, in Richtung ‚Himmel' [60] , oder aber auch nach unten in Richtung ‚Hölle' [61] erfolgt. [62]
Der Durchgang durch diese Erscheinung, die wir in dieser ‚sinnlich-materiellen' Welt als ‚Tod' bezeichnen, ist **eines der großen Geschenke an die Menschheit**, die uns **CHRISTUS** mit seinem DURCHGANG DURCH DEN TOD, seiner Auferstehung und mit seinem WIEDERERSCHEINEN in dieser Welt der Maya jetzt und für alle Zeiten gemacht hat.

Und so, wie in diesem stark vereinfachten Beispiel der Lasershow, können wir uns auch das Wirken des GÖTTLICHEN LICHTES in der

---

[60] Dieser Begriff unserer ‚Scheinwelt' wurde hier bewusst zum besseren Verständnis dieser ‚höheren Vorgänge' gewählt.
[61] Dieser Begriff unserer ‚Scheinwelt' wurde hier bewusst zum besseren Verständnis dieser ‚höheren Vorgänge' gewählt.
[62] Siehe auch das Kapitel: ‚Hölle ist nichts als ein Wesen' im zweiten Teil dieses Buches.

realen Gesamtwelt vorstellen. Die ‚opake Leinwand' ist der ‚Schleier', welcher uns (bisher) nur diese Welt der ‚Maya', so wie in unserem vorstehenden Beispiel, erkennen ließ.

Die Illusion von ‚Raum' und ‚Zeit' und ‚Tod'.

Wenn man auf dem ‚Weg in das GÖTTLICHE LICHT' immer weiter voranschreitet, beginnt sich für den Suchenden die Illusion von Raum und Zeit aufzulösen. Der ‚Schleier', welcher uns den Blick auf das GÖTTLICHE und unsere wahre Bestimmung als Menschen und als Menschheit bisher verwehrte, wird sich ‚heben'. Dies wird die **wahre ‚Apokalypse'** [63] für alle so Suchenden sein.

Zusammenfassende Betrachtungen:

Lassen Sie uns die Erkenntnisse dieser zwei Beispiele nachfolgend noch einmal kurz ‚auf den Punkt bringen':

Erscheinungen im Bereich der Maya sind immer nur durch das Wirken des EINEN und somit auch zum Teil durch das Wirken unseres unsterblichen ICH als Teil des GÖTTLICHEN SELBST bedingt.

Das Wirken des GÖTTLICHEN und unseres unsterblichen Ich erschaffen und formen in der Welt der Maya zum Beispiel diesen irdischen Körper und ‚beseelen' ihn. Wie wir bereits aus dem zweiten Band wissen, sind diese jedoch NIEMALS dieser irdische Körper selbst (Beispiel vom roten und vom blauen Kleid).

Raum und Zeit in dieser Welt sind somit nichts anderes, als die Erscheinungen des Wirkens des Einen **in** Raum und Zeit. Dies bedeutet, wenn man diesen Gedanken vollständig bis zu seinem

---

[63] Siehe auch das Kapitel ‚Vom GÖTTLICHEN LICHT': In unserer heutigen Zeit wird unter dem Begriff der ‚Apokalypse' ein dem Urbegriff kaum noch entsprechendes Denkmuster unterlegt. Der Begriff der ‚Apokalypse' wird an DIESER Stelle und in DIESEM Buch jedoch ausschließlich in der wörtlichen, und wahrscheinlich auch ursprünglichen Bedeutung, in etwa als ‚Hebung des Schleiers' gebraucht. Ein solches ‚Heben des Schleiers' haben wir übrigens auch bei der Beschreibung der Kreuzigung Christi in der Bibel. Dort reißt der Teppich im Tempel, welcher das Heiligtum verbirgt, mitten entzwei.

(vorläufigen) Ende betrachtet, jedoch nichts anderes, als dass die ‚Jetzt-Zeit' und der ‚Hier-Raum' nur ERSCHEINUNGEN im ‚Wirkungsbereich' der Maya sind.
Hier begegnet uns das Zitat aus dem zweiten Band wieder:

„Nichts hindert die Seele so sehr an der Erkenntnis Gottes, als Zeit und Raum."
Meister Eckhart

Seine **vollständige** Bedeutung beginnt sich somit an dieser Stelle für uns zu offenbaren. Denn, wenn wir uns (also unser unsterbliches ICH, unsere Seele und unser Geist) vollständig von diesem irdischen Körper als scheinbares Bewusstseinszentrum gelöst haben, verlieren ‚Zeit' und ‚Raum' und somit auch der ‚Tod' jegliche Bedeutung für uns.
‚Raum' und ‚Zeit' und ‚Tod' sind somit dann nicht mehr in der Lage, auch nur irgendeine Macht über uns auszuüben. Dies ist der Beginn unseres Aufstieges als Menschen und als Menschheit insgesamt. Es ist **die Kraft der Wahrheit**, welche aus dem Menschen den wahren Menschen erschaffen wird.

„Für den Menschen gibt es nur eine Wahrheit, das ist die, die aus ihm einen Menschen macht."
Antoine de Saint-Exupéry

Doch bedenke bei allen Deinen weiteren Schritten auf Deinem selbstgewählten Weg:

„Das Universum ist vollkommen. Es kann nicht verbessert werden. Wer es verändern will, verdirbt es. Wer es besitzen will, verliert es."
Laotse

Zweiter Teil

Von der ‚Digitalen Demenz‘

Im ersten Band der LICHTREIHE von John R. McCollins haben wir uns bereits mit der ‚Digitalen Depression‘ als eine der möglichen Auswirkungen der ‚Digitalen Demenz‘ vertraut gemacht. So haben wir uns zum Beispiel im Kapitel ‚Von der digitalen Depression‘ bereits mit den Wechselwirkungen bei einem persönlich geführten Gespräch beschäftigt. Beide Gesprächspartner sind dabei physisch anwesend und somit können deren ‚Energiefelder‘ auch miteinander interagieren. Man kann den Menschen sich gegenüber stets auch selbst ‚als Menschen spüren‘.

Dieses ‚Den Anderen-Spüren-Können‘ ist, Sie haben es sicher bereits geahnt, nichts anderes, als die Wirkung eines der gerade in unserem ICH-SELBST erwachenden göttlichen Sinne. Wie bereits in den Bänden eins und zwei der LICHTREIHE von John R. McCollins verinnerlicht, ist diese Entwicklung unserer göttlichen Sinne enorm wichtig für die für uns vom Universum vorgesehene Entwicklung als Menschen auf dieser Erde. Wenn wir diese Entwicklung vernachlässigen, werden wir unser ‚Entwicklungsziel‘ für dieses Leben auf dieser Erde (diese Inkarnation) wohl schwerlich erreichen können.

Wie wir weiterhin aus Band eins und zwei bereits wissen, gibt es auf dieser Erde aber auch Wesen und Energieformen, welche genau diese ‚Weiterentwicklung‘ für eine möglichst große Anzahl von Menschen verhindern möchten. Nur so können sie **diese** Menschen auch weiterhin zwischen diesen ‚Denkbarrieren‘, oder wenn man so will, innerhalb der von Ihnen in den Menschen errichteten ‚Friedhofsmauern‘ gefangen halten und somit deren vom Universum vorgesehene Entwicklung zur Liebe, zur Wahrheit und zum wahren Licht verzögern oder, zumindest in dieser Inkarnation, sogar vollständig verhindern.

Oder, um mit Victor Hugo zu sprechen:

„Der Ausgangspunkt ist das Irdische, das Ziel die Seele. Die Hydra am Anfang, der Engel am Ende."

Victor Hugo

Die Auswirkungen der ‚Digitalen Demenz' sind jedoch weiter verbreitet, als man schlechthin annimmt und die negativen Folgen der ‚Digitalen Demenz' wirken viel weitreichender, umfassender und schwerwiegender, als man sich dies im Allgemeinen selber zuzustehen bereit ist.

Wem ist es nicht schon einmal aufgefallen; Eltern oder Elternteile, welche z.B. mit kleineren Kindern an der Hand spazieren gehen oder gar einen Kinderwagen schieben und dabei ständig mit ihrem Mobiltelefon, im europäischen Sprachraum auch als ‚Handy' bezeichnet, beschäftigt sind. Das Kind sieht die ganze Zeit nur einen oder beide Elternteile, welche ihre gesamte Aufmerksamkeit diesem elektronischen Gerät zuwenden.

Die Botschaft, welche hierbei an das Kind gegeben wird ist, so hart das jetzt vielleicht klingen mag, ‚Du als mein Kind bist mir im Moment weniger wichtig, als dieses elektronische Gerät, welches ich in der Hand halte'.

Das Kind erhält somit nicht nur keinerlei Aufmerksamkeit der Eltern, sondern sogar nicht einmal **Augenkontakt**, welcher für die frühkindliche und kindliche Entwicklung von enormer Bedeutung ist.

Dieser Augenkontakt ist jedoch die Grundlage jeglicher zwischenmenschlicher und somit persönlichen Kommunikation auf Seelenebene.

Mehr noch; aus Sicht des Kindes wird das Kind sogar in der Wertigkeit HINTER diesem elektronischen ‚Zeitfresser' eingeordnet. In den überwiegenden Fällen unseres Lebens als Menschen suchen wir, bevor wir uns mit jemandem zu unterhalten

beginnen, Augenkontakt mit unserem Gesprächspartner. **Wir sehen diesen dabei an.** Selbst wenn dies nur für einen kurzen oder auch nur flüchtigen Moment geschieht, ist die Seelenkommunikation hiermit in den allermeisten dieser Fälle bereits hergestellt. Dies ist somit die GRUNDLAGE einer GESUNDEN und NORMALEN zwischenmenschlichen Kommunikation.
Einer Kommunikation auf Seelenebene.

„Die Augen sind der Spiegel der Seele."
Deutsches Sprichwort

Wie wir bereits aus dem ersten Buch wissen, ist dieses bei Gesprächen oder bei Kontakt über elektronische Medien (Handy, Video-Call, Chat, sogenannte ‚soziale Medien' usw.) nicht möglich. Besonders schwerwiegende Folgen stellen sich jedoch schon bereits immer dann ein, wenn Kindern der Zugang zu Spielekonsolen, PC, Videospielen oder gar dem ‚Handy' der Eltern ermöglicht wird. Aber auch das ‚Ruhigstellen' der Kinder vor dem Fernseher, sogar bereits mit dem sogenannten ‚Kinderprogramm', führt dazu, dass die Kinder **den Bezug zu ihrer ‚Umwelt' verlieren**. Sie tauchen gedanklich und in ihrer Vorstellungswelt in diese ‚Scheinwelt' ein. Noch prekärer äußert sich dieses jedoch, wenn dies bereits im frühen Alter beginnt. In diesem Fall bauen diese Kinder keinerlei Beziehung zu ihrer Umwelt und zu anderen Menschen, zumindest nicht in dem für eine gesunde kindliche Entwicklung erforderlichen Umfang, auf oder erlernen dies nicht einmal. Da das Kind von diesen elektronischen Medien sozusagen ‚berieselt' wird, **verkümmert die eigene Sprachentwicklung und das eigene selbständige Denken**, da es keinerlei Notwendigkeit mehr für das Kind gibt, sich sprachlich-kommunikativ zu betätigen und zu äußern. Da diese Lücke auch von den ebenfalls von diesen elektronischen Medien ‚vereinnahmten' Eltern oder Elternteilen nicht mehr ausgefüllt wird, verkümmert die Gesamtentwicklung

des Kindes und bleibt so hinter den für dieses Alter vorgesehenen Entwicklungsstufen zurück.
Die sich in den letzten Jahren rasant ausbreitenden sprachlichen und verhaltensbedingten Entwicklungsstörungen bei Kindern und Jugendlichen dürften wohl hierin auch mit eine ihrer Hauptursachen haben.
Nicht zu vernachlässigen ist darüber hinaus auch die sogenannte **‚Vorbildrolle der Eltern oder die Vorbildrolle der älteren Geschwister'**. Kinder erlernen einen bedeutenden Teil davon, wie ihre Umwelt ‚funktioniert' durch ‚Beobachten und Nachahmen'. Besonders ausgeprägt ist dieses , ‚Nachahmen durch Beobachten' immer dann, wenn das Kind nicht (oder noch nicht) in der Lage ist, sich selbst ausreichend verbal zu äußern. Da das Kind durch die oben beschriebenen fehlgeleiteten Prozesse in der sprachlichen Entwicklung zurückbleibt, versucht es dieses Defizit durch ‚Beobachten und Nachahmen' auszugleichen. Der ‚Teufelskreis' der fehlgeleiten kindlichen Entwicklung hat sich somit geschlossen.
Aus unserer Evolution als Menschen heraus werden dabei scheinbar für das Überleben wichtige Prozesse besonders schnell und umfassend verinnerlicht. Dies führt somit zwangsläufig zu einem fehlgeleiteten Lernprozess im Kind selbst. Ausgehend von dem Gedanken: ‚Da sich die Eltern und meine älteren Geschwister einen so bedeutenden Teil ihrer Zeit mit diesen ‚Gegenständen' beschäftigen, muss es für das Überleben von großer Bedeutung sein' wird eine nachhaltig wirkende Fehlentwicklung in dem Kind, dem heranwachsenden Jugendlichen oder dem jungen Erwachsenen initiiert.

Unsere Kinder wachsen so bereits in die virtuelle, oder wenn man so will, SCHEINWELT hinein oder, noch treffender, werden bereits ab dem Kindesalter in diese Scheinwelt (Maya [64]) hineingezogen.

„Ich habe viel über die Kinder nachgedacht, die mit ihren weißen Kieseln spielen und sie verwandeln: Sieh doch, sagen sie, dort marschiert ein Heer und dort sind die Herden: Der Vorübergehende aber, der nur Steine sieht, weiß nichts vom Reichtum ihrer Herzen."

Antoine de Saint-Exupéry

Aber dies ist eben leider nicht nur auf den eben besprochenen Kind-Elternbereich beschränkt. Haben Sie schon einmal eine Gruppe Jugendlicher oder junger Erwachsener beobachtet? Alle haben fast ununterbrochen das ‚Handy' in der Hand. Fast kein Mitglied dieser Gruppe unterhält sich mit jemand anderem. Alle blicken, fast wie gebannt, auf ihr jeweiliges ‚Handy' in ihrer Hand. Keiner sieht den anderen dabei an. Sind tatsächlich einmal zwei der Gruppenmitglieder im kurzen Wortaustausch, zeigt meist auch nur einer der beiden dem anderen eine kurze Sequenz auf seinem ‚Handy'. Rein sachlich betrachtet macht es fast keinen Unterschied, ob jeder Einzelne jetzt hier ist oder zum Beispiel zu Hause sitzen würde. Der menschliche, oder wenn an so will: der Kommunikationsanteil auf Seelenebene, wäre identisch hoch oder eben leider eher identisch niedrig.

Genauer noch: er tendiert absolut gegen Null.

Alle hier möglicherweise stattfindenden Kommunikationsversuche sind leider, und so hart dies hier vielleicht klingen mag, **KEIN**:

„Balsam für die Seele."

Deutsches Sprichwort

---

[64] Maya' – das ‚Eitle', ‚Nichtige' und ‚Unwahre' – Begriff wohl ursprünglich aus der östlichen Mystik stammend (Sankara)

Aber auch die ‚älteren Generationen‘ machen hiervon kaum eine Ausnahme. Ob sich nun junge Erwachsene, Erwachsene oder auch die etwas ‚älteren Generationen‘ treffen, nach einer gewissen Zeit des Beisammenseins beginnt irgendjemand damit, auf sein ‚Handy zu starren‘. Derjenige hat gerade als Mensch diese Gruppe verlassen. Ist nicht mehr als Mensch in dieser und von dieser Gruppe ‚zu spüren‘. Kein Video, keine, meist dazu auch noch völlig belanglose, ‚Meldung‘ oder noch so bunt aufgemachte ‚Informationen‘ können so wichtig sein, dass damit die wohltuende Energie, welche immer bei einem Treffen im ‚Flow‘ zu spüren ist, auch nur im Geringsten aufgewogen werden könnte.
Wenn Sie fest entschlossen sind, den Weg, welcher uns Menschen als UNSER Weg vom Universum bestimmt ist, konsequent zu folgen, sollten Sie dieses Verhalten ab sofort und konsequent ändern.
Im Ergebnis Ihres konsequenten Handelns werden Sie erstaunt sein, wie viel Zeit Ihnen ab sofort wieder für Ihre Liebsten und für die Dinge, die wirklich wichtig in diesem Leben sind, verbleiben wird.
Befreien Sie sich von diesen ‚Zeitfressern‘ und dem ‚Rauschen der Informationen‘, welche für unsere Entwicklung und die Entwicklung unserer Mitmenschen kaum nutzbringend sind.
JETZT und HIER und ab SOFORT.
Dies muss jedoch **nicht** heißen, dass Sie ab sofort zu einem ‚Totalverweigerer‘ dieser elektronischen Geräte werden. Auch diese elektronischen Geräte können eine durchaus für uns nutzbringende Seite entfalten. :-)
Nachfolgend wollen wir uns **eine** mögliche Schrittfolge dazu erarbeiten
Aus den beiden ersten Bänden wissen wir bereits, dass es oft hilfreich ist, die Problemstellung genau zu analysieren, damit auf die Sachebene zu überführen, alle möglichen Lösungsansätze

neutral gegeneinander abzuwägen um dann fundiert und faktenbasiert zu entscheiden.

Stufe Eins – Analyse des eigenen Verhaltens:

- Registrieren Sie **einen Tag lang bewusst**, **wann** Sie das Handy in die Hand nehmen. Eine **einfache Strichliste** macht hier wenig Aufwand, kann einem jedoch, objektiv betrachtet, sehr eindrucksvoll ‚die Augen öffnen' zu diesem manchmal durchaus bereits suchtähnlichen Verhalten.
- Beobachten Sie sich selbst, ob Sie ein auf das ‚Handy konditioniertes' [65] Verhalten aufweisen.

Um diese erste Stufe, so zusagen ‚mit Leben zu füllen', wollen wir gemeinsam so einen typischen Vorgang betrachten: Wir sind gerade mit unseren (kleinen) Kindern beschäftigt. Spielen mit ihnen, Malen, oder unterhalten uns mit ihnen. Unser neben uns auf dem Tisch liegendes ‚Handy' vibriert, weil eine ‚Nachricht' über einen der ‚sozialen' Kanäle eingegangen ist. Wir wenden nun **sofort** unsere Aufmerksamkeit dieser, gemessen an der eigentlichen Wertigkeit unserer Kinder, völlig belanglosen und nichtigen Nachricht zu; (‚neudeutsch' formuliert: wir ‚checken' diese). Da wir deren Inhalt als momentan belanglos einstufen, wenden wir uns

---

[65] ‚ein auf das Handy konditioniertes Verhalten' in dem hier gebrauchten Sinn liegt immer schon dann vor, wenn Sie bereits nur EINE der nachfolgenden Fragen auch nur mit einem ‚schwachen JA' beantworten müssen:

- Wenn das ‚Handy' klingelt oder auch nur vibriert schauen Sie SOFORT auf das Handy?
- Wenn Sie mit einer anderen Tätigkeit (oder besonders schwerwiegend - eben auch mit einem Ihren Liebsten) beschäftigt sind, ziehen Sie SOFORT Ihren Fokus von diesem (meist wichtigeren) Prozess ab und wenden Ihren Fokus dem ‚Handy' zu?
- Haben Sie das ‚Handy' ständig in ‚Griffweite' – liegt es immer und bei jeder Tätigkeit in Ihrer unmittelbaren Nähe, so zusagen in Ihrer ‚Sichtweite'?

wieder dem eben so abrupt unterbrochenen ‚Prozess' – sprich: unseren Kindern, dem Wertvollsten in unserem Leben, zu.

„Wer sagt, es gibt sieben Wunder auf dieser Welt, hat noch nie die Geburt eines Kindes erlebt.
Wer sagt, Reichtum ist alles, hat nie ein Kind lächeln gesehen. Wer sagt, diese Welt sei nicht mehr zu retten, hat vergessen, dass Kinder Hoffnung bedeuten."
Honoré de Balzac

Was ist hier geschehen? Betrachten wir emotionslos die Fakten zunächst aus **‚Erwachsenensicht':**

- wir haben uns Zeit für unsere Kinder genommen
- diese ‚Kinderzeit' wurde abrupt durch unser ‚Handy' unterbrochen
- es gab keine objektive Notwendigkeit dafür, diese Zeit für unsere Kinder, zumal ohne ‚Vorwegnahme'[66] zu unterbrechen, da die eingegangene ‚Nachricht', objektiv betrachtet, derzeit belanglos für uns und vor allem belanglos für die anwesenden Kinder war

Wenden wir uns jetzt dieser Betrachtung aus **‚Kindersicht'** zu:

- es ist schön, dass Mama oder Papa mit mir spielen
- unbewusst: ‚ich bin wichtig und fühle mich geliebt'
- das ‚wichtigere' Handy unterbricht dieses glückliche Empfinden
- die Wertigkeit der (belanglosen) Nachricht liegt höher, als die Liebe und Zuneigung meiner Eltern und deren Wunsch, mit mir zu spielen
- ‚Ich bin für meine Eltern weniger wichtig, als ihr ‚Handy' dort auf dem Tisch'

[66] Siehe Kapitel: ‚Vom Begriff der Vorwegnahme' dieses Buches

Gerade, wenn man den letzten Punkt betrachtet, haben wir hier ‚so ziemlich alles falsch gemacht, was man falsch machen kann'. Dieser Punkt kann der ‚Türöffner' zu Angst- und Entwicklungsstörungen oder gar zu einem depressiven Verhalten sein. Vielleicht lassen Sie diese Erkenntnis, bevor wir noch ein abschließendes Beispiel betrachten und dann zur Stufe Zwei, dem Suchen nach möglichen Lösungsansätzen, weitergehen werden, etwas ‚sacken'.

Unsere Betrachtungen wollen wir mit der Schilderung des Besuches eines 14-jährigen Enkels bei seinen Großeltern abschließen:
Der 14-jährige, welcher sich somit an der Schwelle zum Erwachsensein befindet, ist in seinen Ferien bei Oma und Opa zu Besuch. Gemeinsam verbringen sie zu dritt viel Zeit miteinander. Der fast erwachsene Enkel ist an den Stätten und Orten seiner Kindheit und lässt dieses glückliche und vor allem auch unbeschwerte Gefühl der langsam vergehenden Kindheit noch einmal ‚Revue passieren'. Gemeinsam spielen Sie so auch die Brettspiele, welche sie in seiner Kindheit immer abends gemeinsam gespielt haben. Doch dieses Mal liegt das ‚Handy' des Enkels mit auf dem Tisch. Ständig ist er damit beschäftigt, die eingehenden ‚Nachrichten' der (möglicherweise nur irreführend) als ‚soziale' Medien bezeichneten Kanäle zu ‚checken'. Er ist somit nicht mehr in der Lage, die wohltuende Energie des ‚Flow' zu nutzen und zu genießen. Die WIRKLICHEN SOZIALEN Kontakte werden so in ihrer wohltuenden Wirkung auf ihn vollkommen konterkariert.

<u>Stufe Zwei – Die Suche nach möglichen Lösungsansätzen:</u>
Die Lösung dieses scheinbar unlösbaren ‚Problems' ist genauso einfach, wie die Lösung des uns bereits bekannten ‚Gordischen Knotens' oder des ‚Ei des Kolumbus'.

Als besonders zweckdienlich hat sich in solchen und ähnlichen Fällen ein komplettes UMDENKEN bewährt. Anstelle des naheliegenden Ansatzes, ‚Handy'-**freie** Zeiten für sich einzuführen, werden Zeiten **FÜR** die Handynutzung eingeführt. **Nicht** die ‚Handy'-freie Zeit ist in unserem Denken, Fühlen und Handeln die AUSNAHME, sondern **die täglichen NUTZUNGZEITEN des ‚Handys' sind die AUSNAHME.**
Nur so wird es uns auch **NACHHALTIG** gelingen, uns VON IRGENDWELCHEN ZWÄNGEN, DASS HANDY NUTZEN ZU MÜSSEN zu befreien. Ein <u>solcher</u> Ansatz zur Lösung eines Problems hat stets sehr gute Aussichten auf Erfolg, da er den URSPRÜNGLICHEN und somit NATÜRLICHEN und so vom Universum für uns vorgesehenen AUSGANGSZUSTAND wieder herstellt.

„Ich habe eine große Wahrheit entdeckt. Diese: dass die Menschen wohnen und dass sich der Sinn der Dinge für sie wandelt, je nach dem Sinn ihres Hauses."
Antoine de Saint-Exupéry

Beginnen Sie also immer zunächst damit, den Zustand, oder wenn Sie so wollen, den Sinn Ihres ‚Hauses' wieder so herzustellen, wie es naturgemäß und ursprünglich vom Universum vorgesehen wurde.

Führen Sie gleichzeitig wirklich ‚wehtuende' Verpflichtungen auf Verstöße gegen diese Regeln ein. Hilfreich dabei, wenn Sie dies zum Beispiel im gesamten Familienverband gemeinsam umsetzen wollen; **ALLE ‚Handys'** liegen AUSGESCHALTET **an einem**

gemeinsamen und von jedem Mitglied der Familie jederzeit **gut einsehbaren Platz**, an dem es SOFORT auffällt, falls ein Gerät fehlen würde.
Kündigen Sie Ihr Vorhaben auf allen ‚Kanälen', auf denen Sie unterwegs sind, an. Beginnen Sie damit, an alle Ihre Freunde, alle Ihre Bekannten, die Familie, die Arbeitskollegen und an alle Menschen, mit denen Sie GERNE zusammen Zeit verbringen, zu kommunizieren, dass sie feste Zeiten eingeführt haben, in welchen sie über diese Kanäle **erreichbar** sein werden. Teilen Sie diesen Menschen ganz offen mit, dass Sie Ihrem ‚Handy' außerhalb dieser Zeiten eine wohlverdiente ;-) Pause von Ihnen gönnen werden. Ausgeschaltet und in seiner ‚Lieblingsschublade'. Sie werden erstaunt sein, wie hoch die Akzeptanz hierfür in ihrem Bekannten- und Freundeskreis sein wird. Der Begriff des ‚Handy-Detox' ist in der Gesellschaft bereits so positiv besetzt, dass dies bei wahren Freunden keinerlei Probleme hervorrufen wird. Die ‚Schwarmintelligenz' der Menschen, oder wenn wir es bei unserem mittlerweile erreichten Entwicklungsstand schon einmal so genau ‚auf den Punkt' bringen möchten, die göttlichen Sinne tief in unserem ICH-Selbst, haben die negativen Auswirkungen dieser exzessiven Nutzung elektronischer Geräte bereits klar erfasst. Dies ist ein sehr simples Beispiel dafür, dass unser ‚sinnlich-materialistisch' basiertes ‚Denken' leicht von außen und durch ‚Konditionierung' beeinflusst und getäuscht werden kann. Unsere göttlichen Sinne, unsere ‚innere Stimme' oder eben auch unsere ‚Intuition', wenn man so will, stehen **stets ÜBER** diesen Dingen und somit **ÜBER** der beabsichtigten Manipulation.

„Gott weiß besser als wir, was wir brauchen."
Victor Hugo

Von der Notwendigkeit der ‚Kommunikation im Göttlichen Licht‘

Vielleicht ist es Ihnen schon einmal in einem Gespräch mit einem anderen Menschen aufgefallen. In einem solchen Gespräch, welches üblicherweise von uns als Menschen als sogenanntes ‚normales Gespräch‘ gewertet oder auch bezeichnet wird, sind wir nicht nur mit dem Gegenüber in einem regen Wortaustausch, sondern WIR INTERAGIEREN DARÜBER HINAUS SOGAR MIT IHM. Dieses kann auf einer uns bereits bewussten, aber auch auf einer, dem noch im ‚Sinnlich-Materiellen‘ behafteten Menschen derzeit noch unbewussten Ebene erfolgen. **Wir können den anderen Gesprächspartner somit im Gespräch ‚spüren‘. ER IST HIER. ER IST IN UNSERER WAHRNEHMUNG ANWESEND.**

Wie wir bereits aus den beiden ersten Bänden dieser Reihe wissen, können solche INTERAKTIONEN auch Wechselwirkungen im Bereich der bewussten ‚Sinneseindrücke‘, wie Gerüche, Berührungen, Wärmestrahlung und dergleichen mehr sein. Diese können positiv und somit VERSTÄRKEND, aber auch negativ und somit HEMMEND auf mindestens einen der Gesprächspartner wirken. Ein von negativen. also hemmenden, Einflüssen begleitetes ‚Gespräch‘ dauert dabei meist nicht allzu lange. ;-) Von immer kürzer werdenden Antworten des so ‚Berieselten‘ bis zum Ausbleiben jeglicher Kommunikation von dieser Seite ist es dann meist nur noch ein kleiner Schritt. Besonders, wenn der andere Gesprächspartner dies nicht ‚bemerkt‘ (oder vielleicht auch nur nicht ‚bemerken‘ will oder kann) führt solch ein ‚Monolog‘ manchmal auch recht ‚abrupt‘ zu einem raschen Ende dieser ‚Unterhaltung‘. Genau so zügig endet ein solches Gespräch aber auch bereits dann, wenn sich einer der Gesprächspartner ‚mental‘ aus dem Gespräch zurückzieht. Im Bereich der ‚sinnlich-materielle‘ Wahrnehmung ist der ‚Auslöser‘ hierfür meist ein

‚körpersprachliches Signal'. So wird zum Beispiel der dem anderen Gesprächspartner zugeneigte Oberkörper nach hinten, also vom anderen weg, bewegt. Dies ist eines der untrüglichsten Signale der irdischen ‚Körpersprache' dafür, dass der andere ‚gehen' oder, in diesem konkreten Fall, sich nicht weiter unterhalten möchte.

Manchmal sind wir jedoch auch in ein, nach irdischen Begriffen, ‚nicht normal' verlaufendes Gespräch eingebunden. So zum Beispiel mit jemandem, welcher (noch) nicht in sich ruht. Derjenige scheint als unser Gegenüber ‚irgendwie nicht anwesend' zu sein. Sein ICH ist stets und ständig ‚irgendwo Anders' unterwegs. Wie ein unsteter ‚Gummiball' springt derjenige bald nach da und bald nach dort. Mal nach links und dann wieder nach rechts. Sein ‚menschliches Abbild' scheint dabei zwar direkt vor uns zu verbleiben, derjenige ist jedoch ‚irgendwo' unterwegs und kehrt immer nur für kurze Momente in dieses ‚leere Menschengehäuse' [67] zurück. Dies geschieht dabei sehr oft in den ‚Gesprächsphasen', wenn unser Gegenüber selbst spricht. Sonst ‚glänzt' unser Gegenüber meist mit ‚Abwesenheit' in seinem irdischen Körper. Dieses Verhalten kann seine wahren Ursachen zum Beispiel in einer tiefen seelischen Verletzungen, welche von dem betroffenen Menschen jedoch (derzeit) nicht im irdischen ‚Bewusstsein' selbst ‚abgerufen' werden kann, liegen. Solche seelischen ‚Traumata' (Verletzungen) können auch zu sogenannten ‚Angststörungen' führen. Wie wir bereits aus den beiden vorherigen Bänden der LICHTREIHE von John R. McCollins wissen, kann hier eine echte und professionelle Hilfe, Unterstützung und Begleitung durchaus hilfreich sein. :-)

---

[67] Dieser Begriff ist ausschließlich ‚bildhaft' zu verstehen und soll dabei helfen, diese hierbei ablaufenden ‚nichtirdischen Vorgänge', so weit, wie dies überhaupt möglich ist, in ‚irdische Begriffe' übertragen.

Wenn jedoch **beide** Gesprächspartner, jeder für sich, tief in sich selbst ruhen, hat man die EBENE DER KOMMUNIKATION IM GÖTTLICHEN LICHT bereits erreicht. Unsere ‚Energiefelder' ‚schwingen' dabei nicht nur synchron [68] mit dem Universum. sondern auch synchron miteinander. Wie wir bereits aus dem Kapitel ‚Von der Erschaffung der Stille in Dir' wissen, kommt es dabei zu den uns bereits bekannten **‚NICHTLINEAREN VERSTÄRKUNGSEFFEKTEN'**. Wir befinden uns immer, wenn wir dieses mit irdischen Begriffen kaum noch zu beschreibende ‚Gefühl' erreichen, im Gleichklang mit dem Universum und eben, in diesem speziellen Fall, auch im Gleichklang mit unserem Gesprächspartner uns gegenüber.

Die Energie des Universums, die Energie unseres POSITIVEN Gesprächspartners und unsere bisher schon erreichte POSITIVE ENERGIE addieren sich dabei nicht bloß, sondern es kommt zu **‚NICHTLINEAREN VERSTÄRKUNGSEFFEKTEN'**, welche unter anderem auch weitere ‚Kanäle' für uns zu öffnen beginnen. Sind beide Gesprächspartner auf ihrem jeweiligen Weg in das GÖTTLICHE LICHT jedoch bereits weit fortgeschritten, bedarf es, um in beiden ‚ICH' dieses ‚Gefühl' zu erwecken, meist nicht einmal mehr irdischer Worte. Der ‚Volksmund' spricht hier manchmal auch von einem ‚MITEINANDER SCHWEIGEN'.

Der Unterschied zum ‚drückenden Schweigen', ‚wenn man sich nichts mehr zu sagen hat', besteht hierbei darin, dass DIESES GEMEINSAME SCHWEIGEN keine Leere erzeugt, sondern vom GÖTTLICHEM LICHT UND VOM GÖTTLICHEN SELBST VOLLSTÄNDIG ERFÜLLT IST.

---

[68] Der Begriff: ‚synchron' wird hier in etwa in der Bedeutung von ‚gleichzeitig' und ‚zusammen' verstanden. Dieses ‚Gefühl' ist vielleicht am treffendsten mit dem Deutschen Sprichwort: „Ein Herz und eine Seele sein." beschrieben.

Von ‚Unserer beschränkten Sicht‘ und ‚Den Fehlern der Anderen‘

‚Das habe ich ja noch nie gehört‘ oder ‚Das macht man bei uns aber nicht so, oder? ‘ sind solche Aussagen, welche (fast) immer auf eine extrem beschränkte Sicht auf die Erscheinungen der Umwelt des Sprechenden hindeuten. Die zweite Aussage beinhaltet sogar gleich noch eine Infragestellung des ersten Halbsatzes durch denjenigen selbst. Er stellt die Behauptung auf, dass ‚man das bei uns so nicht macht‘, hebt aber gleich danach diese ‚Pseudoaussage‘ selbst wieder auf, indem er diese selbst in Frage stellt. Allen solchen Aussagen ist aber immer eines gemeinsam: eine solche Aussage, welche ja auch stets eine subjektive Wertung durch den Sprechenden beinhaltet und in den meisten Fällen so auch nach außen ‚transportieren‘ soll, charakterisiert den Sprechenden meist besser, als alle Worte dieser Welt. Wenn man einfach nur den faktenbasierten Inhalt dieser Aussage betrachtet, hat man bereits auch schon den Kerninhalt vollumfänglich erfasst. Mehr ist dazu nicht erforderlich. ;-) Nur, weil der Sprechende das ‚noch nie gehört hat‘ oder der Meinung ist, dass ‚man das bei uns so nicht macht‘, unterstellt dieser dem anderen daraus eine FALSCHE AUSSAGE. Wohlgemerkt: derjenige **MEINT** dieses nur. Aus dem ersten Band dieser Reihe wissen wir jedoch bereits, welche wahre Bedeutung ‚MEINEN‘ besitzt:

“Meinen liegt nicht weit von lügen.“

Deutsches Sprichwort

Immer, wenn jemand zum Beispiel in einem Gespräch ‚etwas meint‘, sollten Sie Ihren Gegenüber sehr aufmerksam betrachten und die von ihm getroffenen Aussagen sehr genau prüfen. Dies macht kaum Aufwand, schadet jedoch in keinem Fall. :-)
Aber was geschieht jetzt konkret in obigem Beispiel? Aus dem NICHTWISSEN wird hier eine (verletzende) Wertung abgeleitet.

Eine solche Aussage, wie die obige, ist dabei absolut typisch für innere ‚Denkbarrieren' in demjenigen und (meist) auch ein klares Zeichen dafür, dass derjenige innerlich nicht bereit ist, sich selbst über diese ‚Denkbarrieren' zu erheben.
Aus so einer, durch diese ‚Denkbarrieren' extrem eingeschränkten, Sicht auf **alle** Dinge dieser Welt der Maya, stößt der Betroffene meist sehr schnell und umfassend an die Grenzen des für ihn auch nur ansatzweise Nachvollziehbaren. Er kann seine Umwelt, und somit auch die Handlungen der Menschen seiner Umgebung nicht einmal ansatzweise begreifen. Da die ihn umgebende Welt stets und ständig mit seiner extrem beschränkten Sichtweise und seinen minimalen kognitiven Fähigkeiten [69] , sozusagen kollidiert, leitet er meist für sich die persönliche ‚Mikrowahrheit' [70] daraus ab, dass die Anderen stets und ständig alles falsch machen. Kommt jetzt noch ein wenig ‚unbefriedigtes Ego' hinzu, hat sich für den Betroffenen sein Weltbild vervollständigt. Er kann alles und macht alles richtig. Da diejenige Person dies stets und ständig ‚zum Besten gibt', beginnt sich in vielen Fällen seine Umwelt von ihm zurückzuziehen. Wenn derjenige jetzt noch der inneren Auffassung ist, dass dieses Problem bei den ‚Anderen, welche ja stets und ständig nur Fehler machen' liegt, hat sich dieser Teufelskreis für ihn bereits geschlossen. An dieser Stelle wäre wohl eine echte und professionelle Hilfe von außen meist sehr hilfreich.

---

[69] ‚kognitive Fähigkeiten' meint hier die ‚Denkleistung', welche immer dazu erforderlich ist, um seine Umwelt, so gut wie möglich, in einem inneren Modell widerzuspiegeln

[70] ‚Mikrowahrheit' meint hier so viel, wie: ein nur schattenhaftes Verständnis für diese Dinge zu besitzen. Meist herrscht hier sehr viel Schatten ;-)

Vom ‚Das stimmt so nicht'

„Wer meine Meinung nicht teilt, kann trotzdem ein ehrbarer Mann und mein Freund sein."

Chinesisches Sprichwort

So verletzend solche Aussagen, wie wir sie im vorhergehenden Kapitel bereits behandelt haben, auch sind, hier steht (zumindest in den meisten Fällen) NOCH NICHT die verletzende Absicht im VORDERGRUND der gegebenen Antwort. Aber, wie die Volksweisheit so treffend sagt: ‚Schlimmer geht (n)immer'. Und so wollen wir noch ‚Einen obenauf setzen' und uns nachfolgend mit solchen ‚Techniken' beschäftigen, die meist nur den **einzigen Zweck** verfolgen, den anderen zu diskreditieren, zu diffamieren, zu verunglimpfen und derlei mehr.

Im folgenden Kapitel werden wir uns daher mit den ‚härteren' Formen dieser verfeinerten Manipulationstechnik beschäftigen.

Die mit der Überschrift getroffene Aussage ‚Das stimmt so nicht' ist zunächst einmal auf der reinen Fakteneben betrachtet, ein Ausdruck dafür, dass die INNERE ‚Auffassung' des Sprechenden mit der, nennen wir es zunächst einmal: ‚ÄUSSEREN Wahrheit' nicht übereinstimmt oder mit dieser sogar kollidiert. Ohne zunächst einmal hierbei eine verletzende Absicht zu unterstellen, erfolgt eine solche verbale Reaktion bei solch einem noch ‚unerlösten Menschen' meist sehr spontan. Oft erfolgt die ‚Antwort' ‚Das stimmt so nicht' mit einer Reaktionszeit, welche weit UNTER einer Sekunde liegt. Aus dem ersten und dem zweiten Band der LICHTREIHE von John R. McCollins heraus haben wir bereits eine klare Vorstellung davon entwickelt, was eine solche ‚Antwort' in der Regel ‚wert ist'. Wie wir bereits wissen, erfolgt bei Reaktionszeiten unter einer Sekunde dabei nicht einmal eine Wertung dieser ‚äußeren Wahrheit'. An eine Abwägung oder gar Aufwägung mit seiner, nennen wir es ruhig einmal: ‚inneren

Wahrheit', ist in diesen Zeiträumen überhaupt nicht zu denken. Die, objektiv betrachtet, falsche innere Auffassung wird so einfach ,ungefiltert', das heißt: ,ohne eigene Denkleistung' nach außen ,geplauzt'. Meist geschieht dies sogar in diesem Stadium bereits mit Vorsatz. Immer wenn diese Antworten vorsätzlich und somit nur mit dem einzigen Ziel, die ,äußere Wahrheit' zu diskreditieren, zu diffamieren oder zumindest zu verunglimpfen gegeben werden, braucht man hier wohl nichts weiter zu tun als, wie man das früher wohl so nannte: ,den Staub von den Füßen zu schütteln und zu gehen'. :-)
Da diese ,Antworten' ja mit voller Absicht gegeben wurden, würde man in den meisten Fällen hier nur seine Energie und seine wertvolle Lebenszeit verschwenden. Keine Antwort ist manchmal die beste Antwort oder, um mit Laotse zu sprechen:

„Der Gewalt auszuweichen ist Stärke."
Laotse

Falls man jedoch die Bereitschaft bei dem so Sprechenden zu ,spüren' glaubt ,äußere und tatsächliche Wahrheiten' anzunehmen, ist eine Hilfe von außen trotzdem immer sehr schwierig, da ,innere Überzeugungen' aus unserer Evolution als Menschen heraus stets überlebenswichtig waren. Solche ,inneren Wahrheiten' und ,inneren Prozesse' sind somit nur sehr schwer, mit viel Aufwand und nur bei voller Bereitschaft dazu von beiden Seiten und ausschließlich in **gemeinsamer Arbeit** veränderbar. Diese fehlgeleiteten ,inneren Prozesse' müssen dazu sozusagen zuerst ,gelöscht' werden, damit die objektiven Wahrheiten an deren Stelle treten können.
Wer sich jedoch vorsätzlich und mit voller Absicht verletzend gegenüber seiner Umwelt verhält, ist meist bereits im

‚Schubladendenken‘ [71] gestrandet. Er läuft gleichzeitig Gefahr, sich im Gefühl der Verachtung seiner Umwelt gegenüber und im Gefühl der Selbstgefälligkeit als Mensch oder Wesen zu verlieren.
Auch, wenn derjenige sich diesen äußeren und objektiven Wahrheiten verschließt, wird er sich dadurch diesen Wahrheiten über kurz oder lang nicht entziehen können.
Jemand, der so ‚denkt‘ gleicht leider nur demjenigen, welcher mit den Worten: ‚Ich glaube nicht an die Schwerkraft‘ aus dem 14. Stockwerk eines Hochhauses springt. Es ist unerheblich, ob er an die Schwerkraft glaubt oder nicht. Diese Gesetze und Ordnungsprinzipien wirken unabhängig von seinem ‚Glauben‘ oder eben auch ‚Nichtglauben‘. **Es sind Fakten und Gesetze einer höheren Ordnung.**
Und genauso verhält es sich mit den ‚Fakten und Gesetzen einer höheren Ordnung der uns umgebenden realen Gesamtwelt‘, welche eben auch vollständig unabhängig vom ‚Glauben‘ oder ‚Nichtglauben‘ wirken. Niemand kann sich ihnen entziehen. Alle solche Aussagen sind eben auch, wie in diesem Fall, nichts weiter, als **zeitlich begrenzte Illusionen** der uns in dieser ‚sinnlich-materialistischen‘ Scheinwelt, oder wenn man so will, der uns im Bereich unserer sechs irdischen Sinne umgebenden Maya.
Auf den Punkt gebracht, ist es völlig unerheblich, ob jemand an die Existenz der uns umgebenden realen Gesamtwelt oder, wenn man so will: geistigen Welt, glaubt oder eben nicht. Die wirkliche Realität, jenseits jeglicher Virtualität, wird ihn früher oder später mehr oder weniger sanft einholen und Ihre Wirkungen in dieser, SEINER SCHEINWELT, somit nachhaltig entfalten.

[71] ‚Schubladendenken‘ meint hier, dass derjenige seine Umwelt, meist ohne jegliche kognitive Leistung, also WILLKÜRLICH, in von ihm ‚beschriftete‘ ‚Schubladen‘ einsortiert hat. Da diese ‚Zuordnung‘ willkürlich erfolgte, kann sie auch nicht durch ‚objektive äußere Wahrheiten‘ im positiven Sinne verändert werden.

Man kann über Fakten und objektive (reale) Tatsachen unterschiedlicher Meinung sein. An den Fakten und Tatsachen, sowie den Wirkungen, welche von ihnen ausgehen, ändert dies herzlich wenig.

Diese Verleugnung von Tatsachen ist uns bereits aus dem zweiten Band der LICHTREIHE von John R. McCollins und dort aus dem Kapitel: ‚Von der Macht des Konsens und der Macht der Bilder' bekannt. Dieser Vorgang wird auch als Anosognosie [72] bezeichnet. Übrigens bedeutet ‚Konsens' im eigentlichen und POSITIVEN Sinne soviel wie ‚mit Sinn' oder besser: ‚mit Sinn und Verstand'. In dem ursprünglichen Wort ist der Begriff: ‚sense' – Sinn, Verstand, mit Augenmaß usw. und der Begriff ‚con' enthalten. Vielleicht haben Sie in einem Ihrer letzten Urlaube einmal ‚café con leche' – Kaffee mit Milch getrunken oder ‚chili con carne' gegessen. ‚Chili mit Fleisch'.

Vom ‚Weiß schon'

Eine ‚mildere' Form der Verleugnung von Tatsachen ist üblicherweise das ‚Weiß schon'. Einmal davon abgesehen, dass dies nicht einmal ein vollständiger deutscher Satz ist ;-) drückt diese Äußerung, sehr kurz und nicht gerade vor Freundlichkeit ‚überschäumend' aus, dass derjenige alles verstanden habe und/ oder nichts weiter dazu hören will. Dieses ‚Weiß schon' kann somit in diesen zwei Bedeutungen verwendet werden, welche sich jedoch von außen leider nicht erschließen können, da keine weiteren Äußerungen von unserem ‚Weiß schon' dazu erfolgen. Im ersten Fall, dem ‚Ich habe alles verstanden', ist der so Sprechende

---

[72] ‚Anosognosie' (sprich: An-Oso-Gnosie) – die Verleugnung von realen Tatsachen, oft sogar vor sich selbst.

meist in seinen Denkbarrieren so tief ‚verstrickt', dass er leider nur **meint**, alles verstanden zu haben. Objektiv betrachtet, fehlt ihm jedoch meist jegliches Verständnis, um diese ‚äußere Wahrheit', denn um eine solche handelt es sich ja in der Regel tatsächlich, auch nur im Ansatz zu begreifen. Falls Sie hier und an dieser Stelle ‚noch etwas Zeit haben', versuchen Sie doch einmal, den so Sprechenden davon zu überzeugen, dass Sie weit mehr meinen, als das, was er ‚vollständig verstanden zu haben meint'. Dies wird sicher eine Ihrer interessantesten ‚Viertelstunden' in diesem Monat. ;-)
Übrigens ist dies auch eine recht gute ‚Übung' für uns, um auch weiterhin an unserer Geduld zu arbeiten. ;-)

Der zweite Fall, also das ‚Ich will nichts weiter hören' stellt sich meist nicht ganz so lustig und entspannt dar. Derjenige, der so denkt, **WEISS** in der Regel, dass Sie mit Ihrer Aussage absolut und faktenbasiert ‚Recht haben'. Problematisch wird das Ganze dadurch, dass derjenige (sehr oft) ein reales Problem mit sich selbst oder mit seinem eigenen Verhalten hat.
Mit Beispielen zu einem solchen Verhalten haben wir uns bereits im ersten Band dieser Reihe zum Beispiel im Kapitel: ‚Vom Unglücklich-sein-wollen' beschäftigt.

Vom ‚Zweifel‘

Der Begriff des ‚Zweifel‘ ist mindestens genau so alt, wie die ersten schriftlichen Überlieferungen im ‚indogermanischen Sprachraum‘ selbst zurückreichen. [73]

Lassen Sie uns einmal dazu die verschiedenen Wortbildungen in den verwandten Sprachen betrachten:

Althochdeutsch:	zwelif oder tvalif
Neuhochdeutsch:	dvipla
Sanskrit:	dvayâ
Gotisch:	tvahan oder thvahan
Altsächsisch:	twahan oder thvahan

Die Bedeutung des jeweils zugeordneten Begriffes reicht dabei jedoch weit über den reinen Begriff ‚Zweifel‘, wie wir ihn heutzutage üblicherweise hierzu unterlegen, hinaus. So bedeutet zum Beispiel der Begriff ‚dvayâ‘ im Sanskrit nicht nur ‚Zweifel‘, sondern wird auch für ‚doppeltes Wesen‘ oder auch ‚Falschheit‘ gebraucht [74]

Allen diesen Begriffen ist jedoch IMMER eines gemeinsam. Es wird hier als Teilbegriff die ‚Zwei‘ verwendet. So zum Beispiel im Neuhochdeutschen ‚dva‘ = ‚zwei‘ oder im Alt- und Mittelhochdeutschen, wo der Begriff ‚zwéne‘ für ‚zwei‘ steht.

Es geht also immer um ein ‚Zweifaches‘ oder eben auch ‚Gespaltenes‘. Dabei kann es sich um ein ‚doppeltes Wesen‘, eine ‚Falschheit‘ oder auch einfach nur um das ‚Sich-zweifach-fühlen‘ handeln, für welches wir heute üblicherweise den Begriff: ‚hin- und hergerissen sein‘ verwenden. Selbst der ‚mundartliche‘ Begriff: ‚Zwefel‘ macht hiervon keine Ausnahme. Man fühlt (‚feelt‘) sich

---

[73] Siehe: ‚Vergleichendes Wörterbuch der indogermanischen Sprachen‘, August Fick, zweite Auflage, Vandenhoeck & Ruprechts Verlag, Götiingen, 1871

[74] ebenda, Seite 97

‚zweifach' oder eben auch, wenn man so will, ‚zwie-gespalten' oder eben auch ‚hin- und hergerissen'.
Allen diesen Sprachbedeutungen liegt jedoch eines zu Grunde: wir können uns nicht eindeutig ‚für' oder ‚wider' etwas entscheiden oder eben auch ‚positionieren'. Wir sind im besten Falle ‚unentschlossen', im kritischsten Falle wurde unsere bisherige feste Überzeugung bereits **‚weggezweifelt'**.
So wie in unserem Beispiel aus dem **ersten Band** der kleine Hase manipuliert wurde und er dadurch an seiner FESTEN ÜBERZEUGUNG ZU ZWEIFELN BEGANN, funktioniert diese höhere Manipulationstechnik auch in der uns umgebenden Welt der ‚Maya'. Der Manipulierende versucht genau so, unsere bisherige feste, und meist auch sehr fundierte, Überzeugung zu erschüttern oder zumindest ‚aufzuweichen'. Der Volksmund redet dort auch vom: **‚Zweifel säen'**. Wir haben es hier mit einer höheren Form, oder, wenn man so will, mit einer feineren Erscheinungsform der uns bereits bekannten ‚Manipulations-Technik' zu tun.
Geht das Unkraut des ‚gesäten Zweifels' in unserem ‚irdischen Denken', ‚Fühlen' und somit auch ‚Handeln' auf, hat man uns bereits von unserem für uns vom Universum bestimmten Platz, dem einzigen Platz, an dem wir ‚den Himmel mit der Hand erreichen können', **hinweggezweifelt**.

Wie können wir uns jetzt aber gegen diese verfeinerte ‚Technik der Manipulation' schützen? Die Lösung ist verblüffend einfach und sicher haben Sie diese auch schon so geahnt. Wie wir bereits wissen, können unsere sechs auf diese Welt der ‚Maya' begrenzten irdischen ‚Sinne' relativ leicht getäuscht und unser Denken somit ‚ohne großen Aufwand' manipuliert werden. Dies gilt jedoch NICHT für unsere BEREITS GEÖFFNETEN GÖTTLICHEN SINNE. Immer, wenn Sie Ihrer inneren Stimme, Ihrer Intuition oder, wenn man so will, der GÖTTLICHEN STIMME tief in uns folgen, ‚verpufft' dieser

Manipulationsversuch für uns wirkungs-, und vor allem, schadlos. Denken wir jedoch erst darüber nach, greifen immer noch wirksame, von außen geprägte Denkmuster oder von außen manipulierte Verhaltensweisen. Folgen Sie daher IMMER Ihrem ERSTEN Impuls, dem ERSTEN Gedanken oder, einfacher formuliert: dem GÖTTLICHEN in uns. Lassen Sie sich NIEMALS mehr ihre fundierte Überzeugung ‚hinwegzweifeln'.
Dies ist der Schlüssel, um auch weiterhin und trotz aller ‚Zweifelsäer' dieser Welt stets auf dem von uns gewählten Weg in das GÖTTLICHE LICHT zu bleiben und so nicht in einer ‚Schafsnatur' [75] zu enden:

„Und auf vorgeschriebnen Bahnen
Zieht die Menge durch die Flur;
Den entrollten Lügenfahnen
Folgen alle. – Schafsnatur!"
Johann Wolfgang von Goethe, Faust Zweiter Teil

---

[75] Zitat aus: Johann Wolfgang von Goethe, Faust Zweiter Teil

Vom Begriff der ‚Vorwegnahme' und vom ‚Spiegeln'

Vielleicht ist es Ihnen auch schon einmal passiert. Sie sitzen in einer wichtigen Besprechung. Alle Teilnehmer dieser Besprechung arbeiten gemeinsam und konzentriert an der Lösung der für Ihr Unternehmen oder Ihren Verein oder für Ihre Gemeinschaft sehr wichtigen Aufgabe. Plötzlich klingelt ein Mobiltelefon, im europäischen Sprachgebrauch derzeit auch als ‚Handy' [76] bezeichnet. Der Besitzer nimmt mitten in dieser Besprechung den Anruf an, spricht ein paar Worte und verlässt dann telefonierend den Raum.

Welche Gefühle haben sich in Ihnen eingestellt?

Je nach eigener Veranlagung dürfte der ‚Gefühlsbereich' wohl von ‚irritierend' über ‚störend' bis ‚nicht akzeptabel' reichen. Egal, wo Sie sich hier verorten, dieses Verhalten der betreffenden Person ist zumindest in **allen** Wahrnehmungen stets **negativ besetzt**.

Ein **weiteres Beispiel** soll dieses noch etwas klarer herausarbeiten: In letzter Zeit waren Sie beruflich sehr stark eingebunden und belastet. So mussten Sie mehrfach, selbst im häuslichen Umfeld, noch einige dienstliche Dinge klären. Ihre Kinder blieben so leider mehrfach ‚auf der Strecke'. Und so haben Sie Ihren Kindern versprochen, heute gemeinsam mit ihnen zu spielen. Das Brettspiel ist bereits aufgebaut und die erste Spielerunde hat gerade begonnen. Im Hinterkopf bleibt bei Ihnen das Wissen, dass Ihr Chef nachher noch einmal bei Ihnen anrufen wird, ob Sie morgen früh mit auf Dienstreise müssen, falls ein anderer Kollege doch noch länger, als gedacht, erkrankt ist. Mitten im schönsten Spiel klingelt plötzlich Ihr ‚Handy'.

---

[76] ‚Handy', bedeutet wörtlich übersetzt soviel wie ‚handlich'. Ein für eine muttersprachlich-englisch sprechende Person, wohl etwas ‚eigenartige' Bezeichnung für Mobiltelefon (mobile phone)oder auch ‚cellular phone'.

Was denken Sie, welche Gefühle haben sich wohl jetzt in ihren Kindern eingestellt?

Um dies auch SELBST herausfinden zu können, wollen wir eine, in fast allen solchen Situationen, sehr hilfreiche Methode anwenden. Wir wollen die Situation ‚Spiegeln' [77] und uns so in die Personen uns gegenüber, in diesem Fall also in Ihre Kinder, hineinversetzen. Dieses ‚Spiegeln' einer Situation stärkt immer und in jedem Fall Ihre Empathie. Denn nur, wenn man den Gegenüber versteht und seine Gefühle und ‚Beweggründe' tatsächlich und möglichst umfassend nachvollziehen kann, ist man ihm als Mensch auch gefühlsmäßig nahe, oder einfacher formuliert: empathisch ihm gegenüber.

Welche Gefühle haben sich für Sie in der ‚Rolle' Ihrer Kinder eingestellt?

Der ‚Gefühlsbereich' dürfte wohl von ‚och, immer klingelt Muttis Handy' über ‚wer stört denn schon wieder' bis ‚Mutti ist ihre Arbeit wichtiger als ich' reichen.

Nüchtern betrachtet ist diese Situation nicht nur ‚suboptimal', sondern auch kaum akzeptabel. In jedem Fall bleibt ein negativer ‚Nachgeschmack', oder wie ‚der Schwabe' zu sagen pflegt: ‚das hat ein G'schmäckle'.

Zusammenfassend kann man feststellen, dass **jedes** dieser und ähnlich gelagerter Beispiele negativ besetzt ist und somit negativ auf alle anderen Anwesenden wirkt. Und dies meist sogar nachhaltig.

Ohne Vorwegnahme ist das Verhalten der betreffenden Person negativ besetzt. Mehr noch; das Verhalten **und die betreffende**

---

[77] ‚Die Methode des ‚Spiegelns' bedeutet, dass man sich in die Situation seines Gegenüber hineinversetzt, hineindenkt. Man ‚spiegelt' sozusagen die jeweiligen ‚Rollen' und versetzt sich in Gedanken an die Stelle und somit in die Situation des anderen.

Person werden somit ebenfalls, subjektiv zwar, aber nachhaltig negativ wahrgenommen.

Lassen Sie uns jetzt gemeinsam noch einmal die gleichen Situationen mit einer im Vorfeld erfolgten **‚Vorwegnahme'**[78] betrachten.

Sie, oder der Besitzer des klingelnden ‚Handys' in unserem ersten Beispiel, wissen ja, dass Sie heute noch einen (für Sie) wichtigen Anruf erhalten werden. Es ist somit nicht die Frage, **ob** Sie einen wichtigen Anruf erhalten werden, sondern **wann**. Dieses Wissen nutzt man jetzt im System der ‚Vorwegnahme', um die negativen Auswirkungen der, objektiv betrachtet notwendigen, Handybenutzung zu mildern. Idealerweise: diese in ihrer negativen Wirkung vollständig zu neutralisieren.
Um den Begriff der ‚Vorwegnahme' mit Leben zu füllen, wollen wir einfach ein Beispiel dafür aufzeigen.

„Ein Beispiel sagt mehr, als tausend Worte."
Deutsches Sprichwort

Eine einfache Formulierung für unser zweites Beispiel wäre somit: ‚Mutti erwartet noch einen wichtigen Anruf von Ihrem Chef. Es kann sein, dass nachher, wenn wir zusammen spielen, das Telefon klingeln wird. Ich werde dort erfahren, wie lange ich morgen arbeiten oder ob ich sogar noch dienstlich verreisen muss, weil mein Kollege vielleicht immer noch krank ist. Wir spielen dann nach dem Anruf sofort zusammen weiter. Wenn ich morgen pünktlich von Arbeit kommen kann, wollen wir dann zusammen Eis

---

[78] Die Technik der ‚Vorwegnahme' bedeutet, dass man bereits im Vorfeld die Situation, hier also den Telefonanruf, mitteilt (die Information sozusagen vorwegnimmt) und seine faktenbasierten Beweggründe, gemeint ist: ‚Warum muss ich hier und jetzt diesen Anruf annehmen' sachlich erklärt und so um Verständnis bittet.

essen gehen? Ihr dürft Euch auch aussuchen, wohin wir gehen werden‘.

Mit einer solchen Handlungsweise wird der, sonst für die Kinder völlig belanglose Telefonanruf, in deren Wahrnehmungs- und Vorstellungswelt transportiert. Die ohne die ‚Vorwegnahme‘ negativ besetzte Unterbrechung des gemeinsamen Spieles wird so für die Kinder in Ihrer Gedanken-Welt nachvollziehbar und somit zumindest akzeptabel.

Im ersten Beispiel und ähnlich gelagerten Fällen ist die Formulierung meist wesentlich einfacher. Es genügt hier in der Regel, darauf hinzuweisen, dass man noch einen sehr wichtigen Anruf erwartet und dann kurz den Raum verlassen muss. Da alle Anwesenden hierauf vorbereitet sind, wird der gleichgebliebene FAKT ‚ich muss ein Telefonat dort annehmen, wo sonst keine Störungen erfolgen sollten‘, jetzt zumindest neutral bewertet. **Wohlgemerkt: an dem Fakt hat sich rein überhaupt nichts geändert, das hier störende Telefonat wird in allen diesen Fällen IMMER angenommen.** Was sich geändert hat, ist jedoch die **SUBJEKTIVE** Wahrnehmung dieses **FAKTES** durch die Anwesenden. Sicher muss nicht darauf hingewiesen werden, dass die Annahme des Telefonates in beiden Fällen die ABSOLUTE AUSNAHME bleiben muss. Gemachte Versprechen müssen stets zu einhundert Prozent auch so erfüllt werden, sonst verkehrt sich die Technik der ‚Vorwegnahme‘ in ihre ‚dunkle‘ Seite.

„Einem Lügner glaubt man nicht,
wenn er auch die Wahrheit spricht.“
Deutsches Sprichwort

Da diese Erkenntnisse für unsere weitere Entwicklung sehr wichtig sind, wollen wir diese noch einmal kurz zusammenfassen:

- mit der Technik der ‚Vorwegnahme' haben wir gelernt, die negativen Auswirkungen einer, objektiv betrachtet, unabwendbaren Störung auf uns wichtige Menschen zu mildern, idealerweise sogar vollständig zu neutralisieren
- die Technik des ‚Spiegelns' ist stets eine hilfreiche Übung, um das Verständnis für die Beweggründe anderer Menschen zu erkennen und so unsere Empathie für unsere Umgebung zu stärken. Es ist ein einfaches Hilfsmittel um sich von ALLEN FEINEREN Erscheinungsformen des ‚selbstempfundenen Gutmenschen' frei zu halten

Von der ‚Kontemplation‘ [79] oder ‚Vom Finden unseres Fokus‘

Der Begriff ‚Kontemplation‘ wird im allgemeinen Sprachgebrauch üblicherweise im Sinne von: ‚über etwas intensiv nachdenken‘, ‚nachsinnen über etwas‘, ‚etwas intensiv bedenken‘, oder dergleichen mehr, verwendet. Bereits in diesem Bereich der ‚sinnlich-materiellen‘ Welt fällt jedoch schon dem offenen und neutralen Betrachter auf, dass es sich ausschließlich um NICHTGEGENSTÄNDLICHE ERSCHEINUNGEN handelt, welche dort ‚betrachtet‘ oder ‚bedacht‘ werden sollen. Dies ist schon darum so bemerkenswert, weil Menschen, welche selbst (möglicherweise sogar sehr tief) in dieser ‚sinnlich-materialistischen‘ Welt (eben der Welt der ‚Maya‘) verwurzelt sind, hier NICHTMATERIELLE Dinge ‚betrachten‘ oder eben auch NICHTMATERIELLE Dinge ‚bedenken‘. Dinge also, welche NICHT dieser Welt der ‚Maya‘ zugehörig sind. Betrachtet man den Begriff ‚Kontemplation‘ jedoch ausschließlich selbst und als zusammengesetzte Wortbildung ergeben sich verschiedene Deutungsmöglichkeiten. Geht man vom ‚indogermanischen Grundwortschatz‘ aus [80] könnte eine Deutung als „tem“ (germanisch: „tai“) im Sinne von ‚teilen‘ oder auch ‚Anteil nehmen‘ oder „temp“ im Sinne von „sich ausdehnen“ möglich sein. Es wäre somit eine Deutung als „Heiliger Ort“ oder „Abgegrenzter Ort“, ‚Heiliger Bereich‘ oder vielleicht sogar: ‚Heiliger Hain‘ möglich. Wohlgemerkt: diese Begriffe werden hier ausschließlich als NICHTGEGENSTÄNDLICHE Bezeichnungen verwendet. Es sind

---

[79] Der Begriff der ‚Kontemplation‘ wird in DIESEM Band der LICHTREIHE von John R. McCollins in etwa im Sinne von: ‚GOtt erleben‘, ‚GOtt schauen‘ oder genauer noch: ‚den Zustand erleben in welchem wir in die Lage versetzt werden, mit dem GÖTTLICHEN WESEN eins zu werden‘ gebraucht.

[80] Siehe: ‚Vergleichendes Wörterbuch der indogermanischen Sprachen‘, August Fick, zweite Auflage, Vandenhoeck & Ruprechts Verlag, Götiingen, 1871

somit KEINE Plätze oder Orte im Bereich des Materiellen oder, wenn man so will, im Bereich der Maya hiermit gemeint.
Auch scheint in diesem Wort irgendwie der Begriff ‚templari" ‚versteckt' zu sein. Spontan fällt einem hier vielleicht der mittelalterliche Ritterorden ‚MILITUM CHRISTI TEMPLARI' – DIE TEMPELRITTER ein? Auch hier wäre, aus den uns überlieferten Quellen heraus, durchaus eine Verbindung zu unserem heutigen Begriff ‚Kontemplation' denkbar.
In **diesem** Band der LICHTREIHE von John R. McCollins werden wir den Begriff der ‚Kontemplation' jedoch (fast) ausschließlich im Sinne von: **‚den Zustand erleben in welchem wir in die Lage versetzt werden, mit dem GÖTTLICHEN WESEN EINS zu werden'** gebrauchen.

Im ersten Band der LICHTREIHE von John R. McCollins und im Kapitel ‚Von der Digitalen Demenz' dieses dritten Bandes haben wir uns bereits mit den Wechselwirkungen unserer Energiefelder bei einem persönlich geführten Gespräch oder eben auch bei einem leider verfehlten Kommunikationsverhalten beschäftigt. Auf diesen Erkenntnissen aufbauend, wollen wir uns jetzt mit diesem Thema weiterführend auseinandersetzen.
Wie wir im Kapitel ‚Vom Begriff der Erschaffung der Stille in Dir' dieses Buches bereits geübt haben, sind wir, zunächst einmal vereinfacht gesprochen, nunmehr in der Lage einen scheinbar von uns geformten Energie-Ball ‚mentaler Energie', wie wir es dort zunächst genannt haben, zu verschieben. Begonnen hatten wir dabei mit Teilübung eins und Teilübung zwei in unserem (derzeitigen) irdischen Körper. Ziel der Bewegung des Energie-Balles in der dritten Teilübung war dann sogar bereits ein Teilbereich unseres Seelendaseins.
Wie wir aus diesen Kapiteln des DRITTEN Bandes der LICHTREIHE bereits wissen, ist es für alle dieses Übungen durchaus hilfreich,

wenn wie dabei eine ruhige und störungsfreie Umgebung zur Verfügung haben. Eine Umgebung also, in der wir auch durchaus ‚unsere Augen schließen' können. So haben wir zum Beispiel dort unsere ersten Übungen direkt vor dem Einschlafen durchgeführt. Nun gibt es jedoch sehr viele ‚Alltagssituationen', in denen wir weder eine ruhige und störungsfreie Umgebung vorfinden, noch ist es uns im Alltag generell möglich, die Augen bei diesen Übungen ‚zu schließen'.

Zu Beginn dieses weiterführenden Abschnittes wollen wir uns daher zunächst einmal von der allgemeinen Auffassung lösen, dass beim, nennen wir es zunächst einmal ‚Meditieren', **stets** ein ruhiger Raum erforderlich wäre und das unsere Augen beim ‚Meditieren' zwingend geschlossen sein müssen. Dies ist für eine **tiefere** Ebene der ‚Meditation' durchaus sinnvoll und erforderlich oder kann uns so auch bei unseren **ersten** Schritten auf diesem Gebiet durchaus hilfreich sein. Es ist jedoch nicht generelle Voraussetzung hierfür.

Wir wollen daher hier mit einer besonderen Form der Übung beginnen, welche man auch ‚seinen Fokus finden' oder eben manchmal auch einfach nur ‚Kontemplation' [81] nennt.

Ziel dieser Übung ist es zunächst, selbst im Alltag und in Situationen, in denen keine idealen Bedingungen vorliegen, schnell diese ‚Konzentrations-„ oder wenn man so will: ‚Kontemplations-Ebene', zu erreichen. Vereinfacht gesagt, wollen wir eine Technik erlernen und üben, durch welche wir ‚im Bruchteil eines Wimpernschlages' unseren inneren Fokus finden werden, wobei diese Übung noch weit mehr in uns bewirken kann und, richtig und FREI VON irgendwelchem irdischen und weltlichen VERLANGEN durchgeführt, auch bewirken wird.

---

[81] Der Begriff der ‚Kontemplation' wird während DIESER Übung ausschließlich in der auch zum Teil im asiatischen Kampfsport verbreiteten Bedeutung gebraucht.

Bei der hier vermittelten Übung handelt es sich zunächst einmal, und im Grundgedanken, um eine ‚Konzentrations-, oder eben auch um eine ‚Kontemplationsübung' aus dem asiatischen Kampfsport. Wie Ihnen sicher noch aus Ihrer Fahrschule zur Erlangung irgendeiner ‚Fahrerlaubnis' bekannt sein dürfte, sollte man zum vorausfahrenden Fahrzeug stets einen gewissen ‚Sicherheitsabstand' einhalten. Dies ist daher erforderlich, da der ungeübte oder auf eine plötzlich eintretende Gefahrensituation nicht vorbereitete Mensch in der Regel eine sogenannte ‚Reaktionszeit' von ungefähr einer Sekunde besitzt. Nunmehr, und auf unser Beispiel aus dem asiatischen Kampfsport bezogen, dürfte es bei einem plötzlichen Angriff von ‚außen' nach einer ‚Reaktionszeit' von einer Sekunde so ziemlich ‚zu spät sein', um noch an irgendeine ‚Gegenreaktion' zu denken oder diese sogar noch zu veranlassen. ;-) Im Zustand dieses ‚Finden unseres Fokus' kann dieses ‚Reaktionszeit' jedoch (fast) gegen Null gehen. Unser Geist ist frei geworden. Frei von den Hemmnissen dieses irdischen Körpers. Die Energie des Universums kann somit frei und ungehemmt dorthin fließen, wo sie erforderlich ist.
Die für unsere Zwecke hier erweiterte **Grundübung** wird im Karate meist als: „Mizu no kokoro – Japanisch: Ein Geist wie das Wasser" [82] beschrieben. „Der Geist soll ruhig sein, wie die Oberfläche eines stillen Teiches. Ruhig und doch bereit, überall dort abzufließen, wo es gebraucht wird. Der Spiegel dieses ruhigen Wassers spiegelt auch alles, was in seiner Umgebung ist. Genauso erahnen wir [scheinbar mühelos] die Absicht des Gegners..." [83]

Diese Technik wollen wir nunmehr für unsere Übung zur Erreichung des Zustandes der ‚Kontemplation' in Alltagssituationen

---

[82] Quelle: Albrecht Pflüger – Karate 1, Falken-Verlag 1994, Seite 114
[83] ebenda

wie folgt erweitern. Ziel dieser Übung ist es, innerhalb des Bruchteiles eines Wimpernschlages, den Fokus in unserem unsterbliches ICH und in unserer Seele zu finden. Wir werden somit ganz tief in uns selbst ruhen und uns an Plätze begeben, an denen die Meisten von uns in dieser Inkarnation noch niemals vorher geweilt haben.
An dieser Stelle scheint sich einem spontan der Ausspruch von Faust aus ‚Faust – Erster Teil' von Johann Wolfgang von Goethe, ja fast schon förmlich, ‚aufzudrängen':

„Werd ich zum Augenblicke sagen: Verweile doch!
du bist so schön!..." [84]
Johann Wolfgang von Goethe

Voraussetzung für diese Übung ist der Zustand, welchen wir im Kapitel ‚Von Deiner dritten Aufgabe' in unserem Selbstversuch bereits erlangt haben, als wir die kurze Zeitspanne von fünf Minuten **nichts** getan und vor allem **nichts** gedacht haben. An dieser Stelle dürfte somit klar geworden sein, warum die Erlangung und Festigung dieser Übung für uns damals so wichtig war. Es ist dieser **gedanken- und absichtslose Zustand** der, für unsere Zwecke sehr stark vereinfacht betrachteten, Übung: ‚Mizu no kokoro' aus dem Karate. [85]

Falls Ihnen die im Kapitel ‚Zweiter Teil der Erschaffung der Stille in Dir' beschriebene Übung (noch) nicht gelungen sein sollte, wird die nachfolgend beschriebene Übung Ihnen ebenfalls dabei helfen, Ihren Fokus in Ihrem unsterbliches Ich und in Ihrer Seele zu finden.

---

[84] Zitat aus: ‚Faust Erster Teil', Johann Wolfgang von Goethe
[85] Quelle: Albrecht Pflüger – Karate 1, Falken-Verlag 1994, Seite 114

Die Übung:

Lass, genau wie in dem Selbstversuch, in welchem wir fünf Minuten nichts getan und vor allem nichts gedacht haben, alle Gedanken und irdischen Sinneseindrücke in Dir schlagartig zur Ruhe kommen. Lausche in diese Stille hinein. In diesem ‚Kanal zur Ewigkeit' formt sich vor Deinem geistigen Auge ein Bild. Das Bild eines ruhigen Teiches im Mondlicht. Am gegenüberliegenden Ufer kannst Du Bäume erkennen. Gespenstereichen, welche direkt am Wasser ihren Platz gefunden haben. Das Mondlicht bescheint diese Szene mit einer ruhigen Klarheit. Lass Deine Gedanken jetzt in die leichten Wellen dieses Wassers eintauchen. Dort, wo Deine Gedanken das Wasser berühren, beginnt der See sich schlagartig in flüssiges Quecksilber zu verwandeln. Klar und silbern liegt jetzt dieser See vor Dir. Klar und deutlich zeichnet der Mond seine silberne Spur auf diesem ebenen Spiegel vor Dir. Alles in Dir kommt jetzt genau so zu Ruhe, wie dieses Bild dort vor Dir. Verschiebe jetzt, wie wir es in dem Kapitel ‚Zweiter Teil der Erschaffung der Stille in Dir' bereits geübt haben Deinen Fokus in Dein unsterbliches ICH hinein, genauer noch: FINDE den FOKUS Deines unsterblichen ICH in Deinem Seelenbereich.

Dieses ‚Finden' oder ‚Erspüren' unserer Seele durch unsere Selbstwahrnehmung öffnet uns nunmehr den Zugang zur Anwendung der uns somit von Mal zu Mal mehr vom Universum bereitwillig zur Verfügung gestellten POSITIVEN ENERGIE. Wir sind somit auf unserem Entwicklungsweg zum GÖTTLICHEN LICHT bereits an einem Punkt angekommen, an dem wir VOM UNIVERSUM ERHALTEN, aber dieses Erhaltene auch wieder bereitwillig AN DAS UNIVERSUM ZURÜCKGEBEN MÜSSEN.
Üben Sie entspannt und ohne irgendeinen Zwang daraus zu gestalten so weiter. Von Mal zu Mal wird es Ihnen leichter fallen, den Fokus in Ihrem unsterbliche ICH und in Ihrer Seele so zu

finden. Und von Mal zu Mal wird Ihnen so mehr und mehr Energie vom UNIVERSUM zufließen.

DOCH SEI GEWARNT. DIESE POSITIVE ENERGIE DARFST DU NUR UND AUSSCHLIESSLICH DAZU VERWENDEN, UM ETWAS ‚GUTES' DAMIT ZU BEWIRKEN.

Es ist **UNMÖGLICH** mit dieser Form der ‚WAHREN GÖTTLICHEN LICHTENERGIE' irgendetwas anderes zu bewirken. Selbst die ‚Demonstration' Deiner scheinbar errungenen ‚Macht', zur Befriedigung irgendwelcher niederen (dunklen) Eigenschaften zählt bereits dazu. Daher waren Deine bisherigen Schritte, zuerst zur Überwindung [86] und danach zum ‚Ertöten' [87] dieser dunklen ‚Wesen' in Dir, so wichtig.

Solltest Du dieses dennoch versuchen, schließen sich sofort alle Kanäle des WAHREN GÖTTLICHEN LICHTES und DER ERNERGIEFLUSS DES UNIVERSUMS kommt sofort zum Erliegen. Bleibe so immer auf Deinem selbstgewählten Weg zur ALLESUMSPANNENDEN LIEBE DES EINEN, ZUM WAHREN LICHT und auf Deinem weiteren Weg bis hin zur Einweihung in die Antworten auf die Fragen, für die wir als Menschen bereits reif sind.

In einem der noch folgenden Bände DER LICHTREIHE von John R. McCollins werden wir uns, zu gegebener Zeit, auch mit weiterführenden ‚Techniken' zur Anwendung und Erweiterung dieses Wissens beschäftigen. Verfolgen Sie bis dahin Ihren selbstgewählten Weg konsequent weiter. Tag für Tag, Stunde für

---

[86] Siehe: Erster und zweiter Band der LICHTREIHE von John R. McCollins
[87] Siehe Kapitel: ‚Vom Überwinden und Ertöten' dieses dritten Bandes der LICHTREIHE von John R. McCollins

Stunde und Atemzug für Atemzug. Und helfen Sie so stets und ständig dabei mit, diese Welt immer weiter zum Guten zu wenden. Um damit das Pendel der Entscheidung auf den unaufhaltsamen Weg zum Guten zu bringen. Auf diesen, alles ‚Böse' unaufhaltsam hinwegfegenden, Weg zum WAHREN LICHT.

Meine besten Wünsche begleiten Sie dabei.

In LIEBE

Im WAHREN LICHT

In der WAHRHEIT DES EINEN

Im GÖTTLICHEN LICHT.

‚Hölle' ist nichts als ein Wesen

„Dreifach sind die Tore zur Hölle: Verlangen, Zorn und Habgier, die Zerstörer der Seele."

Bhagavad Gîtâ

Mit diesen drei ‚Toren der Hölle' haben wir uns, und ohne es bisher so eindringlich auf den Punkt gebracht zu haben, in den beiden ersten Bänden der LICHTREIHE von John R. McCollins bereits beschäftigt.

Dabei bestehen diese drei Begriffe, die drei Tore zur Hölle, unter anderem aus folgenden uns bereits **bekannten Begrifflichkeiten:** Wut, Neid, Hass, Egoismus, Selbstbesessenheit, Selbstempfundener Gutmensch, Habsucht und Gier, Lüge und Betrug, um hier nur einige davon zu nennen.

Wie können wir uns jetzt jedoch die dabei ablaufenden Vorgänge möglichst einfach näher bringen? Betrachten Sie doch einmal in aller Ruhe das obige Bild des ‚Scheidebechers' oder auch der ‚Scheidemünze im heiligen Gral'.

Die altdeutsche Inschrift lautet:
„Mensch prüfe dich Ja wohl allhier,
Höll' oder Himmel nimmst du dir."

Kann es sich hierbei vielleicht um EINE **höhere** Bedeutung des ‚Grals' oder auch um EINE höhere Bedeutung des ‚heiligen Grals', wie er in der sogenannten ‚Gralsliteratur' beschrieben wird, handeln? Die **höhere** Bedeutung des Gralsgedanken für uns als Menschen auf dieser Erde und in dieser derzeitigen Inkarnation? Ist Christus dann sozusagen die Kraft, welche als Erscheinung des ‚Grals' bis in diese, unsere ‚sinnlich-materialistische Weltwahrnehmung' hineinwirkt? So dass wir DURCH IHN, durch seine Erscheinung als EINGEBORENER SOHN des VATERS, als Erscheinung des VON EINER JUNGFRAU GEBORENEN [88] MENSCHENSOHNES, durch sein HINDURCHGEHEN durch den irdischen ‚TOD', von nun an die Wahl, oder wenn man so will: den FREIEN WILLEN haben, uns hier für ‚Himmel oder Hölle' zu entscheiden?
In manchen Gegenden dieser Welt versteht sich dieses ‚Höll' oder Himmel nimmst du dir' auch als ein Teil des KARMA-Gedankens. Wahrscheinlich ist es dies auch. Einfacher betrachtet, bestimmt jeder Mensch durch sein Denken, Fühlen und Handeln (also nicht

---

[88] Siehe auch das Kapitel ‚Von der Symbolik und von der Allegorie' des zu gegebener Zeit erscheinenden VIERTEN Bandes der LICHTREIHE von John R. McCollins.

nur ausschließlich durch seine TATEN in dieser Welt der Maya), ob sein WESEN ‚Höll' oder HIMMEL' annimmt.
Hier dürfte auch die **tiefere** Bedeutung des Zitates von Meister Eckhart liegen:

„Hölle ist nichts als ein Wesen. Was hier das Wesen der Leute ist, das bleibt ihr Wesen in Ewigkeit, so wie sie drin gefunden werden."

Meister Eckhart

Wie können wir uns jetzt jedoch dieses ‚Nehmen von Höll' oder Himmel' und dieses Wesen ‚Hölle' selbst vorstellen?

Am einfachsten nachvollziehbar erscheint wohl eine Vorstellung des Wesens ‚Hölle' als eine Art Amöbe. Ein Einzeller, welcher sich ausschließlich von den Menschen ‚ernährt', welche es durch seine ‚Saugrüssel':

- Machtgier
- Beherrschungswahn
- Habsucht und Gier
- Lüge und Betrug
- Gleichgültigkeit
- Empathielosigkeit
- Wut
- Neid
- Hass
- Zorn
- Rachsucht
- Verlangen
- Rache und Vergeltung
- Egoismus und Selbstbesessenheit
- Selbstempfundener Gutmensch, um nur einige zu nennen,

in sich ‚hineinsaugen‘ kann und dort, also in seinem Inneren, langsam verdaut und so zersetzt. [89] Dadurch wächst dieses Wesen immer mehr und mehr und kann sich, solange es noch weitere Menschen gibt, die diesen Weg für sich gewählt haben, so auch weiter am ‚Leben und vor allem am Wirken‘ halten. Vielleicht in etwa so, wie auf dem nachfolgenden Bild dargestellt.

So wie in dieser, sicher stark vereinfachten, Darstellung verhält es sich auch in dieser Welt der ‚Maya‘, der Welt der ausschließlich ‚sinnlich-materialistischen‘ Erscheinungen. Seien Sie sich jedoch absolut bewusst; jeder Mensch ist in seinem irdischen Dasein berufen, sich sozusagen zu ‚positionieren‘.
Er hat seit der AUFERSTEHUNG CHRISTI den FREIEN WILLEN, sich, ob nun bewusst oder eben auch nur unbewusst, auf den Weg zum Himmel oder eben auch zur Hölle zu begeben. Je nach seiner FREIEN Wahl, ist und bleibt es sein WESEN in Ewigkeit.

---

[89] Dieses ‚Zersetzen‘ darf man nicht in der Bedeutung der ‚sinnlich-materiellen‘ Welt, der Teil-Welt der ‚Maya‘ etwa als ‚physisches Zersetzen‘ verstehen. Der Begriff des ‚Zersetzens‘ wird hier in der Bedeutung gebraucht, dass alle bisherigen MENSCHLICHEN und für unseren weiteren Aufstieg notwendigen, nennen wir es ruhig einmal: ‚guten Eigenschaften‘ dabei zersetzt werden. Am Ende dieses ‚Zersetzungsprozesses‘ bleibt nur das ‚Wesen‘, welches dieser Mensch für sich gewählt hat. In unserem stark vereinfachten ‚Vorstellungsmodell‘ der ‚Amöbe‘ ist dies eben nur die ‚Eigenschaft‘, welche dem ‚ihn aufsaugenden Saugrüssel‘ entspricht. Der betreffende Mensch ist dann sozusagen nur noch von dieser ‚Eigenschaft‘ beherrscht. Oder, anders formuliert: dieser Mensch besteht nur noch aus dieser ‚Eigenschaft‘, welcher er sein gesamtes vorheriges Wesen untergeordnet hat. Alles andere wird restlos zersetzt. Im Falle des ‚Egoismus‘ wird dieser ‚Egoismus‘ zur allesbeherrschenden Eigenschaft für diesen Menschen oder für dieses Wesen.

„Hölle ist nichts" als ein Wesen..."
Gier
Neid
Egoismus
Hass
Habsucht

Vom ‚Wirken dunkler Kräfte in uns'

In den vorstehenden Kapiteln dieses Buches, so zum Beispiel auch im Kapitel: ‚Hölle ist nichts als ein Wesen' haben wir uns bereits mit dem Wirken von ‚Wesen' und ‚Kreaturen' in uns beschäftigt. Wir haben auch bereits gelernt, diese uns fremden ‚Wesen' und ‚Kreaturen' in uns zum Schweigen zu bringen oder idealerweise aus uns zu vertreiben und für alle Zeiten zu verbannen.

Auf diesem Weg haben wir zum Beispiel das ‚Magenwesen', den natürlichen Feind jeder Diät ;-) , oder auch das ‚Kopfwesen' kennen gelernt.

In allen diesen Fällen waren **in uns fremde** Wesen am Wirken. Wir, genauer noch: unser unsterbliches ICH, hatte dabei die ihm zustehende Kontrolle auf Grund einer fehlgeleiten Äußerung eines ‚pseudo-freien' Willens an diese abgegeben, bzw. wurde von diesen in uns wirkenden ‚Wesen' und ‚Kreaturen' geschickt umgangen. So konnte zum Beispiel das ‚Magenwesen' in uns die Kontrolle an sich reißen und so lange ‚rumquengeln', bis die Tafel Schokolade aufgefuttert, oder eben auch die ‚Chips-Tüte' leer war. Wenn es jedoch diesen in den jeweiligen Menschen wirkenden ‚Wesen' und ‚Kreaturen' gelingt, alle (nennen wir es einfach einmal) ‚Kontrollmechanismen' zu umgehen, können sich diese in dem Betroffenen mitunter auch langfristig ‚einnisten'. Sie entwickeln dabei Techniken, um den betroffenen Menschen, fast wie einen ‚Zombie' zu steuern. Daher können sich diese Menschen auch nur selten aus dieser ‚Fremdsteuerung' selbst und ohne Hilfe von außen befreien. Spricht man zum Beispiel adipöse [90] Menschen auf Ihr starkes Übergewicht an, und versucht ihnen dabei zu helfen, sich aus dieser Fettleibigkeit zu befreien, erhält man fast immer solche Antworten, wie: ‚Willst Du etwa sagen, dass ich es

---

[90] ‚adipös' ist ein Fachbegriff aus der Medizin und meint so viel, wie (stark) fettleibig.

nötig habe' oder noch typischer: ‚Willst Du etwa sagen, ich wäre fett'. Die kürzeste und sicher auch die ehrlichste Antwort hierauf wäre: ‚Ja'. Einfach nur: ‚Ja'. ;-) Allerdings wäre diese Antwort an dieser Stelle wohl nicht gerade hilfreich. Wirkliche Aussicht auf Erfolg hat hier meist nur eine **gemeinsame** Änderung der Lebensgewohnheiten **aller** Familienmitglieder. Weiterhin ist die Einsicht bei dem Betroffenen, dass solche Veränderungen dringend geboten sind, erforderlich. Der ‚Raubbau an der persönlichen Gesundheit' dieses für diese Inkarnation so wichtigen irdischen Körpers muss schnellstmöglich gestoppt werden, da sonst das Entwicklungsziel für diese Inkarnation möglicherweise nicht mehr erreicht werden kann. Wie wir bereits wissen, vollzieht sich unser irdisches Dasein in der Regel in Zyklen von jeweils sieben Jahren. Hierfür bekommen wir, genau wie unser ‚Spielzeughase' aus dem ersten Band, eine gewisse Menge an ‚Lebensenergie'. Wird diese durch einen exzessiven Lebenswandel anderweitig verbraucht, bleiben notwendigerweise unsere WAHREN Aufgaben für diesen Abschnitt (zumindest teilweise) unerfüllt.

Aber auch bei dem überwiegend ‚kopfgesteuerten' Menschen finden wir diese Verschwendungsprozesse. Dieses Verhalten, wird im Volks-Weistum meist so beschrieben:

„Der (oder die) muss aber auch zum Lachen in den Keller gehen."

Volksweisheit

Besonders fatal ist dies meist dann (bildhaft gesprochen), wenn derjenige nicht einmal einen Keller zum Lachen hat. ;-)
Lerne wieder, die Kontrolle als ICH-Selbst auch wieder selbst zu übernehmen. ‚Es bricht einem kein Zacken aus der Krone' (Volksweisheit), wenn man auch einmal über sich selbst lachen kann. Im Gegenteil, dies ist immer befreiend. Für alle..

Ausblick, auf ‚Kommendes'

Am Ende dieses dritten Bandes der LICHTREIHE VON John R. McCollins können Sie bereits auf einen bedeutenden und erfolgreich zurückgelegten Abschnitt IHRES Weges zur letzten und wahren Bestimmung unseres Wesens und dem Sinn unseres ‚Hierseins' als Menschen zurückblicken.

„Menschen, die nach keinen Dingen trachten, weder nach Ehren noch nach Nutzen, noch nach innerer Selbstaufopferung, noch nach Heiligkeit noch nach Belohnung, noch nach dem Himmelreich...: in solchen Menschen wird Gott geehrt."
Meister Eckhart

Auf diesem bereits zurückgelegten Wegabschnitt haben wir bereits erkannt, dass es DIE AUFGABE DER MENSCHHEIT IST, sich durch die ‚Reibung' an den hemmenden Kräften, also die aktive und tätige Auseinandersetzung mit diesen dunklen Kräften und Wesen, weiter zu entwickeln.

„Die Erde schenkt uns mehr Selbsterkenntnis als alle Bücher, weil sie uns Widerstand bietet. Und nur im Kampf findet der Mensch zu sich selbst."
Antoine de Saint-Exupéry

Bereits aus den bisher hinter uns liegenden Bänden wissen wir:

„Wahrheit ist der Weg des Himmels Die Verwirklichung der Wahrheit ist der Weg des Menschen."
Konfuzius

Nur WIR ALS MENSCHEN, und zwar jeder einzelne von uns für sich, kann durch SEINE AKTIVE TÄTIGKEIT dieses große ZIEL DER MENSCHHEIT mit gestalten und es so vollenden helfen. Es ist von absoluter Wichtigkeit, zu realisieren, dass dies niemand anderes für uns, sozusagen ‚erledigen' kann. Auch kein höheres Wesen. Der Wunsch, zum Guten zu gestalten, muss ausschließlich, und zwar AKTIV durch uns geboren und genährt werden.

„Wenn der Wille auf das Gute gerichtet ist, gibt es nichts Böses." Konfuzius

Nur so erhalten wir die erforderliche und unwiderstehliche, alles Böse hinwegfegende, **Hilfe durch das Universum selbst**. Alles, was wir als Menschen selbst tun KÖNNEN, müssen wir dazu auch SELBST LEISTEN.

„Es ist sinnlos, von den Göttern zu fordern, was man selber zu leisten vermag."
Epikur

Meine besten Wünsche begleiten Sie auf Ihrem weiteren Weg zu Ihrer Bestimmung und zur Bestimmung der gesamten Menschheit. Und, wer weiß, vielleicht werden wir uns auf diesem Weg wiedersehen. Ich würde mich darüber freuen, Sie dann wieder ein Stück Ihres Weges begleiten zu dürfen.
Vielleicht sogar in einem weiterführenden Buch von John R. McCollins, dem:

Vierten Band der LICHTREIHE von John R. McCollins.

Dem vierten Band dieser Reihe, welcher genau dann erscheinen wird, wenn nach irdischen Begriffen ‚die Zeit dafür reif sein wird'.

Ich freue mich darauf, Sie an unserem GEMEINSAMEN ZIEL begrüßen zu dürfen ✠

Und, falls Ihnen die Zeit bis dahin zu lang erscheinen mag, würde ich mich darüber freuen, Sie in den Büchern der ‚Bommelfutz®-Reihe begrüßen zu dürfen. So vielleicht im ersten Band mit dem Titel: ‚Bommelfutz® und das Haus der Blauen Steine'. :-)

„Wenn du also dazu kommst, dass du um nichts mehr Leid noch Kummer trägst und dass dir alles eine reine Freude ist, dann ist das Kind in Wahrheit geboren."
Meister Eckhart

Personenregister zu Zitaten

Meister Eckhart ca. 1260 bis 1327 anno Domini:

Vermutlich um 1260 a.D. in Hochheim bei Gotha (Thüringen) geboren. War unter anderem Prior des Dominikanerordens in Erfurt, Vikar in Thüringen, Provinzialprior von Sachsen, Magister und Professor der Theologie in Straßburg.

1326 leitete der Kölner Bischoff (von Ochsenstein) den Inquisitionsprozess gegen ihn ein. Noch vor Eintreffen der päpstlichen Bulle (ca. 1329) verstarb Meister Eckhart im Jahre 1327. Meister Eckhart war wohl einer der bedeutendsten deutschen Mystiker, zumindest dieser Zeitepoche. (Quelle: Aus der Reihe: ‚Verschollene Meister der Literatur – 1. Meister Eckhart' – Karl Sehnabel (Axel Junckers Buchhandlung), Berlin 1903)

Antoine de Saint-Exupéry

Französischer Schriftsteller und Pilot – 1900 bis 1944. Bedeutende Werke: „Der kleine Prinz", das erfolgreichste Buch der Welt, „Nachtflug", „Citadelle - die Stadt in der Wüste"

Laotse

Chinesischer Philosoph, wahrscheinlich des 6. Jahrhunderts vor Christus.

Victor Hugo

Französischer Schriftsteller und Politiker – 1802 bis 1885. Bedeutende Werke: „Die Elenden", „Der Glöckner von Notre-Dame".

Einige seiner Werke wurden vom Vatikan (Sitz des Oberhaupts der Katholischen Kirche) auf den „Index der verbotenen Bücher" gesetzt. Vielleicht interessant, dass dieses Verzeichnis noch bis 1966 weitergeführt wurde.

Konfuzius

Chinesischer Philosoph und Lehrmeister – vermutlich um 550 bis 480 vor Christus.

Johann Wolfgang von Goethe
Wohl einer der bedeutendsten deutschen Dichter. Darüber hinaus als Politiker und Naturforscher tätig – 1749 bis 1832. Bedeutende Werke: „Faust“, „Götz von Berlichingen“, jedoch auch das naturwissenschaftliche Werk über Licht, Farbe und Farbwirkung „Farbenlehre“

Epikur
Griechischer Philosoph – 341 bis ca. 270 vor Christus.

Samuel Langhorne Clemens (Mark Twain)
Amerikanischer Schriftsteller – 1835 bis 1910. Bedeutende Werke: „Die Abenteuer von Tom Sawyer und Huckleberry Finn“, „Leben auf dem Mississippi“.

Arthur Schopenhauer
Deutscher Philosoph und Autor – 1788 bis 1860.

Lucius Annaeus Seneca
Römischer Philosoph und Politiker – ca. 1 bis 65 nach Christus

Johann Heinrich Pestalozzi
Schweizer Pädagoge, Politiker und Philosoph – 1746 - 1827

Lew Nikolajewitsch Tolstoi (Leo Tolstoi)
Russischer Schriftsteller – 1826 - 1910

Honoré de Balzac
Französischer Philosoph und Romanautor - 1799 - 1850

Auflösung der Versuche zum ‚Göttlichen Licht‘

Falls es Ihnen nicht möglich war, die beiden Versuche aus dem Kapitel ‚Vom Göttlichen Licht‘ selbst durchzuführen, sind hier die jeweiligen Ergebnisse nachfolgend als bildliche Darstellung angefügt.

Ergebnis des ersten Versuches:

Im ersten Versuch hatten wir die ‚Malfarben‘ ‚Gelb‘ und ‚Blau‘ als Wasserfarben auf einem Blatt rein weißen Papiers ‚überlagert‘.
Die Mischung der ‚Urfarben‘ ‚Gelb‘ und ‚Blau‘ ergibt hierbei und im ‚sinnlich-materiellen‘ Bereich interessanterweise NICHT, wie man vielleicht naheliegend erwarten würde, wieder ‚Hell‘ und ‚Dunkel‘, aus denen die ‚Urfarben‘ ja entstanden sind.
Im Bereich der ‚Maya‘ ergibt sich (vielleicht auch nur scheinbar?) die neue Farbwirkung: GRÜN.

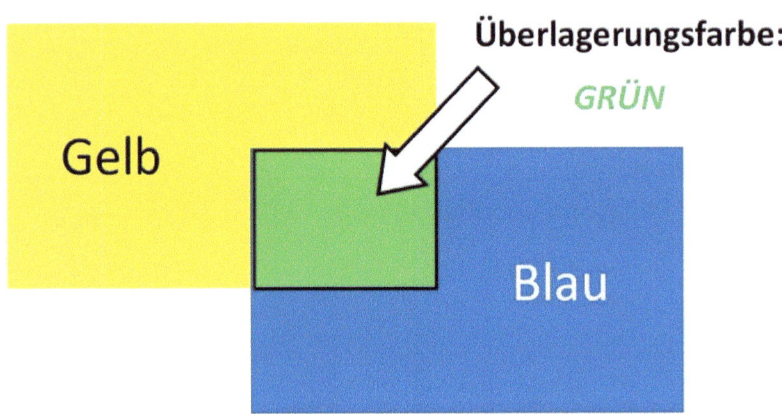

Ergebnis des zweiten Versuches:

Im zweiten Versuch hatten wir uns zwei Taschenlampen ‚umgebaut' und die beiden Lichtkegel (‚Gelb' und ‚Blau') im abgedunkelten Raum auf einem Blatt rein weißen Papiers ‚überlagert'. Die Mischung der ‚Urfarben' ‚Gelb' und ‚Blau' als **LICHT** ergibt hierbei jedoch NICHT, wie man vielleicht erwarten würde, wieder ‚Hell' und ‚Dunkel', aus denen diese beiden ‚Urfarben' ja entstanden sind, oder gar ‚Grün' wie im ersten Versuch im materiellen Bereich, sondern **REIN WEISSES LICHT**. Oder anders formuliert: **DAS GÖTTLICHE LICHT SELBST**.

Die DURCHSTRAHLUNG der aus dem Gegensatz ‚Hell' und ‚Dunkel' oder, wenn man so will: ‚Gut' und ‚Böse' entstandenen **POLARITÄTEN** ergibt das **GÖTTLICHE LICHT**. Anders formuliert: es kommt zur **Aufhebung der POLARITÄTEN** und somit auch zur **Aufhebung von ‚Gut' und ‚Böse'** selbst. Dies gilt übrigens genau so, wie dies Johann Wolfgang von Goethe bereits in seinem Werk ‚Farbenlehre' [91] dargelegt hat, für die ‚STEIGERUNGEN' der ‚Urfarben'.

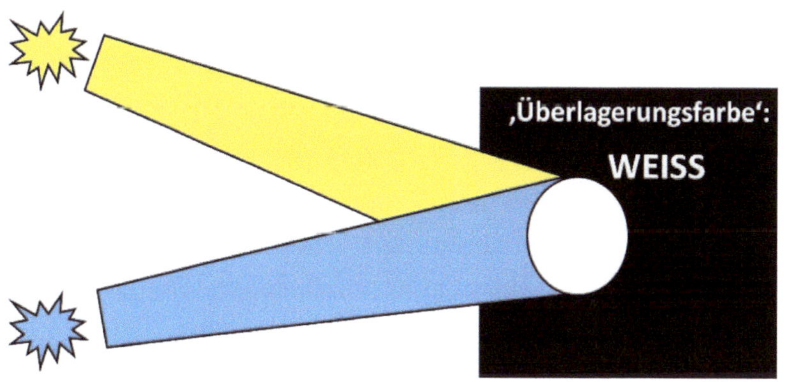

[91] Johann Wolfgang von Goethe – ‚Farbenlehre', Cotta'sche Buchhandlung, Tübingen, 1810

Weitere Bücher von John R. McCollins

Der Weg zur Liebe und zum wahren Licht

John R. McCollins' Lichtreihe - 1. Band

Erster Band der LICHTREIHE von John R. McCollins. Dieses, von einigen Lesern und Leserinnen sogar als ‚außergewöhnlicher Ratgeber' bezeichnete Buch, versucht einen neuen und GANZHEITLICHEN, ja wahrscheinlich sogar unkonventionellen, Ansatz auf ihrem ganz persönlichen ‚Weg zur Liebe und zum wahren Licht' zu bieten. Es wendet sich dabei besonders auch an die Menschen, welche schon viele Ratgeber gelesen haben, sich aber immer noch auf der ‚Suche fühlen'.

ISBN Printausgabe: 978-3-759224-97-2

ISBN E-Book: 978-3-759225-80-1

Der Weg zu den goldenen Toren

John R. McCollins' Lichtreihe - 2. Band

Dieser zweite Band der LICHTREIHE von John R. McCollins möchte den Suchenden weiter auf seinem Weg zu unserer Bestimmung als Menschen begleiten. Auf seinem ganz persönlichen Weg und hin, bis zu den ‚Goldenen Toren'.

ISBN Printbuch: 978-3-759228-45-1

ISBN E-Book: 978-3-759228-44-4

ERGÄNZUNGSBAND zur Ebook-Ausgabe

von: John R. McCollins' Lichtreihe - 2. Band

Dieser Auszug aus der Printausgabe ist gedacht für: alle E-Book-Lesenden, welche die Versuche mit den verschiedenen Formen des ‚Wirklichkeitsstrahls' selbst durchführen möchten und für alle die Lesenden der Printausgabe, welche ihr Buch nicht gerne ‚zerschneiden' möchten. Enthält nur die Kapitel zum ‚Selberbasteln' der beiden Modelle vom ‚Wirklichkeitsstrahl'.

Achtung! Dies ist nur ein Auszug der Printausgabe (32 Seiten – Gebunden)

ISBN ERGÄNZUNGSBAND: 978-3-759228-46-8

Bommelfutz® und das Haus der blauen Steine

‚Bommelfutz®'-Fantasy-Krimi-Reihe 1. Band

Mitten in der Nacht wird Hauptkommissar Bommelfutz® zu einem weiteren scheinbaren Selbstmord gerufen. Dieses Mal hat jedoch kein für die Presse namenloser Junkie seinem Leben ein jähes Ende gesetzt. Dieses Mal scheint ALLES anders zu sein. Das 23. Opfer dieses Hochhauses ist kein namenloser Junkie mehr, sondern eine, wohl zumindest stadtbekannte, Persönlichkeit. Schon auf dem Weg zum Tatort beginnen die ersten Verwicklungen sichtbar zu werden. Ja selbst der mysteriöse Mörder von Nico R. von S. scheint immer noch in diesem Gebäudekomplex präsent zu sein. Dort präsent zu sein, um dort auf weitere Opfer zu lauern. Die Jagd nach diesem Phantom führt den Leser durch Raum und Zeit und bis in eine scheinbar weit zurück liegende Dimension. Und selbst Bommelfutz® und dieses vermeintlich körperlose Wesen scheinen sich nicht so fremd zu sein, wie es dem Leser zunächst erscheinen will...

ISBN Printausgabe: 978-3-759228-47-5

ISBN Ebook: 978-3-759228-48-2